伊東信夫 著
金子都美絵 絵

白川静文字学に学ぶ

漢字

なりたちブック

6年生

太郎次郎社
エディタス

この本を読んでくれるみなさんへ

この本は、小学校六年生で習う漢字百九十一字の、なりたちと使いかたを説明した本です。小学校全学年で習う漢字の合計は、千二十六字です。

漢字は、いまから三千三百年ほどまえに、中国語をあらわす文字として生まれ、以来、ずっと生きつづけてきた文字です。なにしろ、三千年以上も生きつづけたのですから、とちゅうでその意味をまちがって使ったこともあります。

しかし、ごく最近、日本の漢字学者である白川静博士という人が、漢字のもともとの意味と、その使いかたを正確に説明することに成功し、それを、『字統』『字訓』『字通』（平凡社）という三冊の漢字字典にのこしてくれました。『漢字なりたちブック』は、その、白川博士の説明に学んでつくったものです。

なんといっても、漢字は、そのなりたちとつながりの関係を知ってこそ、おもしろい。しかし、漢字は、その数が多い。それで古くから、漢字を分類して、できるだけ合理的に考えようとするこころみがありました。

そのひとつに、「六書」という漢字の分類方法があります。

それは、漢字のなりたちのちがいによって、六つに分類する方法です。

六書――《象形・指事・会意・形声・転注・仮借》

このうち、「会意」と「形声」は、あわせ漢字の種類。それに対して、「象形」と「指事」は、ひとえ漢字の種類です。「転注」と「仮借」は、漢字のできかたによる分類と考えてよいでしょう。この「六書」については、もう少しくわしく説明したページがあります（12ページから）。

とくに、形声文字のできかたや、「転注」と「仮借」がどういうものかがわかると、いろいろなことがみえてきます。

「眼・限・根」の「艮」、「採・菜・彩」の「采」は、音とともに意味もあらわしていて、「星」にある「生」、「姉」の「市」、「歯」の「止」などは、ただ音をあらわす部分だと、区別して考えることができるようになると思います。

いよいよ、小学校で習う漢字・千二十六字の最終巻。本の終わりには、「部首のなりたち」のページもあります。

漢字のなりたちとつながりを楽しんでください。

伊東信夫

ア

カ

サ

マ

ヤ

ラ

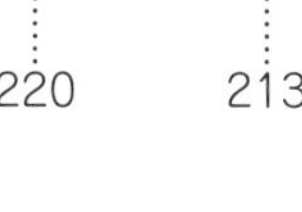

この本の見方

★訓よみ

★主役の漢字

★音よみ

★むかしの漢字
絵のようにかいた、むかしの漢字（古代文字）。
（　）の字は、いまの漢字のもとの形（旧字体）。

★はやわかり　となえことば
なりたちをラクラク
おぼえられるよ。
声にだしてみよう。

★絵
漢字のもとになった、
形やようすを
あらわしているよ。

★なりたち
その漢字のなりたちを
説明しているよ。
❗マークのところは、
つながりのある字の
説明や、
知っていると
やくにたつこと。

★画数
★書き順

★ことばの例
その漢字が
つかわれていることば。

訓よみ　まーく・まき

音よみ　カン

巻

はやわかり　となえことば
けものの皮を
両手でくるくる
巻いた巻

むかしの漢字
（巻）

なりたち
巻のなりたちは、けものの皮をくるくるとまるめること。巻くことだね。龹（𢍏）は、けものの皮（釆）を両手（廾）で持つ形。㔾（己）は、まるめた形をあらわしている。

❗むかしの漢字をくらべてみよう。
巻　券（60ページ）
けものの皮を、刀で半分に切るのが券。

書き順　9画
丶 丷 䒑 丷 兰 半 关 类 巻

ことばの例
巻き尺・巻きぞえ・糸巻き・絵巻・はち巻き・巻頭・巻末・圧巻・全巻

カ行　40

否 批 秘 俵 腹 奮 並 陛 閉 片 補

暮 宝 訪 亡 忘 棒 枚 幕 密 盟 模

訳 郵 優 預 幼 欲 翌 乱 卵 覧 裏

律 臨 朗 論

小学校6年生で習う漢字（191字）

胃　異　遺　域　宇　映　延　沿　恩　我　灰

拡　革　閣　割　株　干　巻　看　簡　危　机

揮　貴　疑　吸　供　胸　郷　勤　筋　系　敬

警　劇　激　穴　券　絹　権　憲　源　厳　己

呼　誤　后　孝　皇　紅　降　鋼　刻　穀　骨

困　砂　座　済　裁　策　冊　蚕　至　私　姿

視　詞　誌　磁　射　捨　尺　若　樹　収　宗

就　衆　従　縦　縮　熟　純　処　署　諸　除

承　将　傷　障　蒸　針　仁　垂　推　寸　盛

聖　誠　舌　宣　専　泉　洗　染　銭　善　奏

窓　創　装　層　操　蔵　臓　存　尊　退　宅

担　探　誕　段　暖　値　宙　忠　著　庁　頂

腸　潮　賃　痛　敵　展　討　党　糖　届　難

乳　認　納　脳　派　拝　背　肺　俳　班　晩

六書（りくしょ）について

六種類（しゅるい）の漢字のなりたち

漢字（かんじ）が生まれてから千三百年ほどたった西暦（せいれき）一〇〇年、中国で『説文解字（せつもんかいじ）』という漢字の本がつくられました。いまから千九百年もまえにできた、世界最古（せかいさいこ）の漢字辞典（じてん）です。

そこにおさめられている漢字の数は、九千三百五十三字。

その著者（ちょしゃ）である許慎（きょしん）は、漢字のなりたちをつぎの六つに分類（ぶんるい）して説明（せつめい）しています。

《象形（しょうけい）・指事（しじ）・会意（かいい）・形声（けいせい）・転注（てんちゅう）・仮借（かしゃ）》

これは「六書（りくしょ）」といわれます。

おおもとになる文字（分けられない「ひとつ漢字」）

❶ 象形文字（しょうけいもじ）

ものの形や特徴（とくちょう）をうつしとり、絵のようにかきあらわした文字。

山

目

大

鳥

❷ 指事文字（しじもじ）

数や位置（いち）などを、点や線でしめしてあらわした文字。

三

十

上

下

あわせ漢字

❸ 会意文字

二つ以上の文字を組み合わせて、新しい意味をあらわした文字。

田＋力→男

木＋木＋木→森

❹ 形声文字

意味をあらわす部分と音をあらわす部分からできている文字。

艸＋化→花
意味＋音

木＋交→校
意味＋音

＊日本で使われている漢字の八〇パーセント近くが「形声文字」です。

漢字のなかまや使われかた

❺ 転注

あわせ漢字の音をあらわす部分が、もとの意味も生かしながら、なかまをつくっているもの。

木の実を手でつみとる形

采……菜・採・彩

まっすぐなほのおの形

主……住・注・柱

❻ 仮借

形にかきあらわすことのできないものを、音の近い別の字であらわしたもの。

無・早・今・昔・不・我など。

絵のようにかいた象形文字

象形文字は、絵のようにものごとをかきあらわした文字で、それ以上分けることのできない「ひとつ漢字」です。

たとえば、人の体の部分である「手・目・耳」や、動物をあらわす「犬・馬・鳥・象」などで、その古代文字を見ると、まるで絵そのものです。しかし、それは、たんなる絵ではありません。

木と竹の古代文字を見てみましょう。

木

竹

木には、かならず、幹と枝と根があるということがわかります。

いっぽう、竹は、冬でも葉を落とさず、地下茎でつながりあっている群生植物です。それが形にあらわされています。

また、二足歩行の人間（人）に対し、犬・馬・象は、四つ足の動物であることがわかります。

人

犬

馬

象

＊「足・岩・美・員・要」のように、一見、あわせ漢字のように見える象形文字もあります。

指事文字

「ここだよ！」としめす

指事文字は、数や位置などをあらわした文字です。小学校で習う漢字では、「一・二・三・八・十・百」の数字六字と、「上・下・本・末」の四字だけです。

四は、もと、亖と書いた字で指事文字でした。十（丨）は、横にならべた棒をたてにすることによって十の位をあらわし、百はもともと、白の上に一、二、三、亖、五……の数を加えることによって、百の位をあらわしたものです。そして、八は、ものごとをまっぷたつに等分する形です。

それに対し、上・下と本・末は、「ここだよ！」としめすことによって、そのものごとの意味をあらわす字です。

上（）・下（）は、てのひら（）（）を基準にして、「ここだよ！」としめす形。本・末は、木を用いて、ものごとの根もとと末端を「ここだよ！」としめしています。

二　三　八　十

上　下　本　末

二つ以上の漢字があわさった
会意文字

会意文字は、二つ以上の文字を組み合わせてつくった文字です。もとの文字の形と意味をいかして合成し、新しい意味をあらわしています。

部分部分の意味を知ると、会意文字をよくおぼえることができます。

明

朝

後

●**明**……窓（囧）から月の光のさしこむ形。

●**朝**……東の草原（艸）から日がのぼり、ふりむけば、西の空に月が残る形。

●**後**……道（彳）に、まじないの糸たば（幺）をおき、敵の後退（夊）をいのる形。

●**字**……子が生まれると、先祖をまつるお宮（宀）に参り、そのとき「あざな」（かりの名前）をつけること。字のもともとの意味は、その「あざな」です。

●**名**……その子がある期間まで育ったあと、ふたたび宮参りをし、祭肉（夕）をそなえ、いのりをささげて（ㅂ・口）、本名（名）をつけることをあらわしています。

字

名

＊「糸」「虫」などは、旧字（もとの字）が「絲」「蟲」なので、会意文字です。

部首＋音記号の
形声文字

形声文字は、意味をあらわす部分（部首）と音をあらわす部分（音記号）の、まっぷたつに分かれる漢字です。

たとえば、つぎの形声文字を見てみましょう。

【部首＋音記号】

花（カ）……艹（くさかんむり）＋化（カ）
草（ソウ）……艹（くさかんむり）＋早（ソウ）
町（チョウ）……田（た）＋丁（チョウ）
洋（ヨウ）……氵（さんずい）＋羊（ヨウ）
紙（シ）……糸（いとへん）＋氏（シ）

植物の花や草の部首は、艹（くさかんむり）。町は、もと、田んぼのあぜ道をあらわす字ですから、部首は田（た）です。洋は氵（さんずい）。紙はむかし、糸やわたくずからつくったので、糸（いとへん）。

部首は、意味のトレードマークです。同じ部首をもつ漢字は、意味のつながりでなかまをつくっています。

いっぽう、この花・草・町・洋・紙の音記号「化・早・丁・羊・氏」は、どれも、ただ音をあらわすだけの役目です。

＊部首のつながりについては、223ページを見てください。

では、つぎの形声文字はどうでしょうか。

【部首＋音記号】

雲（ウン）……雨（あめかんむり）＋云（ウン）
校（コウ）……木（きへん）＋交（コウ）
円（エン）（圓）…口（くにがまえ）＋員（イン）
顔（ガン）……頁（おおがい）＋彦（ゲン）
語（ゴ）……言（ごんべん）＋吾（ゴ）

雲の云、校の交、円（圓）の員、顔の彦、語の吾が、音記号です。でも、これらは音をあらわすだけでなく、もともとの意味も捨てずにもっています。

云（くも）、交（まじわる）、員（まるいかなえ）、彦（成人式でのかお）、吾（まもられたことば）などです。

このように、形声文字の音記号には、

・音だけをあらわすもの
・音と意味をあわせもっているもの

の両方があるのです。

形声文字は、部首＋音記号。同じ部首でなかまをつくり、同じ音記号でもなかまをつくります。

＊つぎの「転注」については、これまではっきりとした説明がされてきませんでしたが、白川博士は、音と意味のつながりから、それをときあかしています。

同じ音記号でつながるなかま

転注

同じ音記号をもつ漢字の、おもしろいつながりを見てみましょう。

【音記号】
気・汽（气）
園・遠（袁）
菜・採（采）

【音記号】
住・注・柱（主）
験・険・検（㑒）
構・講（冓）

たとえば、園・遠の音記号「袁」は、死者をおくる形です。そして、園のもともとの意味は「墓園」で、遠は、旅立つ死者のゆくところです。

また、菜・採の音記号「采」は、木の実を手（扌）でつみとる形。そのつみとる動作が採で、つみとって食べるものが菜です。つみとった植物からとった色が、「色彩」の彩です。

このような形声文字の音記号は、その意味を生かしながら、音と意味の両方でつながりあって、なかまをつくっているのです。

こうした漢字のつながりを転注（転注法）というのだと、白川博士は説明しています。同じ音記号をもつ、おもしろい漢字のつながりは、ほかにもたくさんあります。

仮借
別の字をかりて使った

仮借（仮借法）とは、形にかきあらわすことのできないものを、音の近い別の漢字をかりて使ったものです。たとえば、無・早・今・昔・不・我などです。

「いま」や「むかし」、「はやい」「おそい」、「ない」などは、ことばでは言えても、形にかきあらわすことがむずかしいものです。それで、すでにある別の漢字をかりて使ったのですが、そのとき、意味に関係なく、同じ音や似た音の文字が選ばれました。

たとえば、無は最初、舞うことをあらわす字でした。豪華な衣装で舞う人のすがたの字です。それが、「ない」ことをあらわすのに使われました。

そこで、もともとの「まう」ことをあらわす字として、無に、下向きの両足の舛を加え、灬をはぶいて、舞の字がつくられたのです。

早は、もと、スプーンの形。昔は干し肉。不は、下向きの花のがく。今は、つぼなどのせん（ふた）をあらわす漢字でした。

無　昔　不　今

ア

音よみが「ア行」の漢字

音よみ　イ

むかしの漢字

はやわかり　となえことば

いぶくろと　にくづき（月）あわせた　胃の文字だ

なりたち

胃は田＋月の字だけど、この田はもともと「いぶくろ」の形だった。むかしの漢字の𦙶が、いぶくろだ。
それに月（にくづき）をつけて、体の一部だよ、ということをあらわしている。

！体をあらわす月（にくづき）のつく字は、たくさんあるよ。
背・肩・腰・腕・胸・腹・脳・肺・腸・脈・臓などだ。（112ページも見てね。）

書き順　9画

丨 冂 冂 田 田 甲 胃 胃 胃

ことばの例

胃腸・胃弱・胃袋

訓よみ　こと-なる

音よみ　イ

異

むかしの漢字

はやわかり　となえことば

両手をあげた
おにのすがたの
異の文字だ

なりたち

異の、むかしの漢字を見てごらん。人のようだけど人でないものが、両手をあげているおにのようなすがたのものだ。

異は、異様なすがたかたちをあらわした字。田の部分が、おにの顔をあらわしている。

❗鬼は、横むきにすわっている「おに」のすがた。

書き順　11画

丨 冂 冂 冂 田 田 田 畀 畀 异 異

ことばの例

異国・異性・異質・異色・異常・異変・異口同音・特異・驚異

訓よみ

音よみ

イ・（ユイ）

むかしの漢字

はやわかり　となえことば

貴重な貝をささげもち
人におくるよ　遺という字

なりたち

遺は、辶（しんにょう）と貴。貴は、貝のお金を両手でささげ持つ形だよ。辶は、「行く」という動きをあらわす部首。だから遺は、お金や財産を人に「どうぞ」とおくることをあらわしている。また、人にあげて「のこす」という意味にも使われる。

！貴のなりたちは、46ページを見てね。

書き順

15画

ことばの例

遺産・遺跡・遺伝子・遺失・遺言

訓よみ

域

音よみ

イキ

むかしの漢字

はやわかり となえことば

城壁で
かこんだ
都市の
領地が域

なりたち

域は、「地域」や「領域」の域。区切られた土地をあらわす字だ。或は、城壁（口）に囲まれた都市を、武器の戈で守る形。或に、土地をあらわす土を加えて、域の字になった。

❗国（國）という字も、或からできた。

書き順 11画

一 十 土 圷 坘 坷 域 域 域 域 域

ことばの例

地域・区域・音域・海域・聖域

宇

訓よみ

音よみ　ウ

むかしの漢字

はやわかり　となえことば

宀（うかんむり）
広く大きな
宇宙の宇

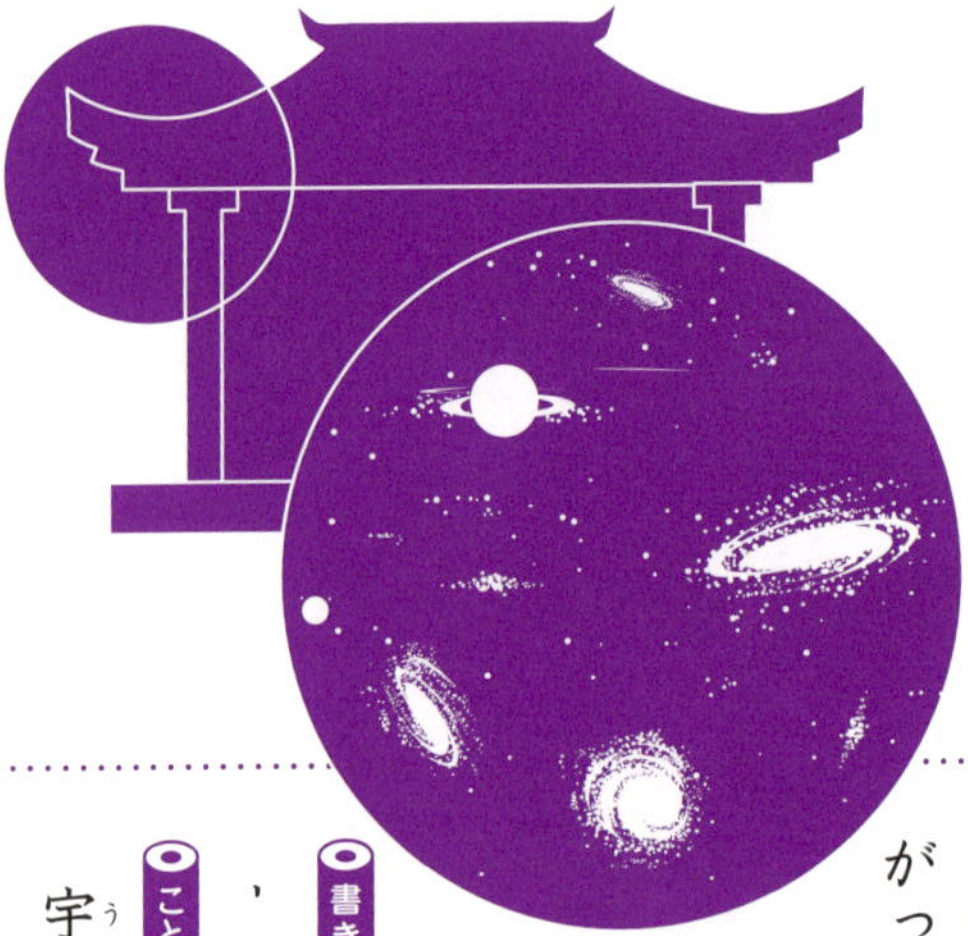

なりたち

宇は、宀（うかんむり）と于。

宇はもともとは、屋根ののきの部分をあらわした。

宀は屋根の形で、建物をあらわす。于は、大きなものや、ゆるやかに曲がったものをあらわす形。

やがて、宇は、広大な「宇宙」の宇に使われるようになった。


！宙のなりたちも見てね（154ページ）。

書き順　6画

ことばの例

宇宙飛行士・銀河系宇宙・気宇

訓よみ　うつ-る・（は-える）

音よみ　エイ

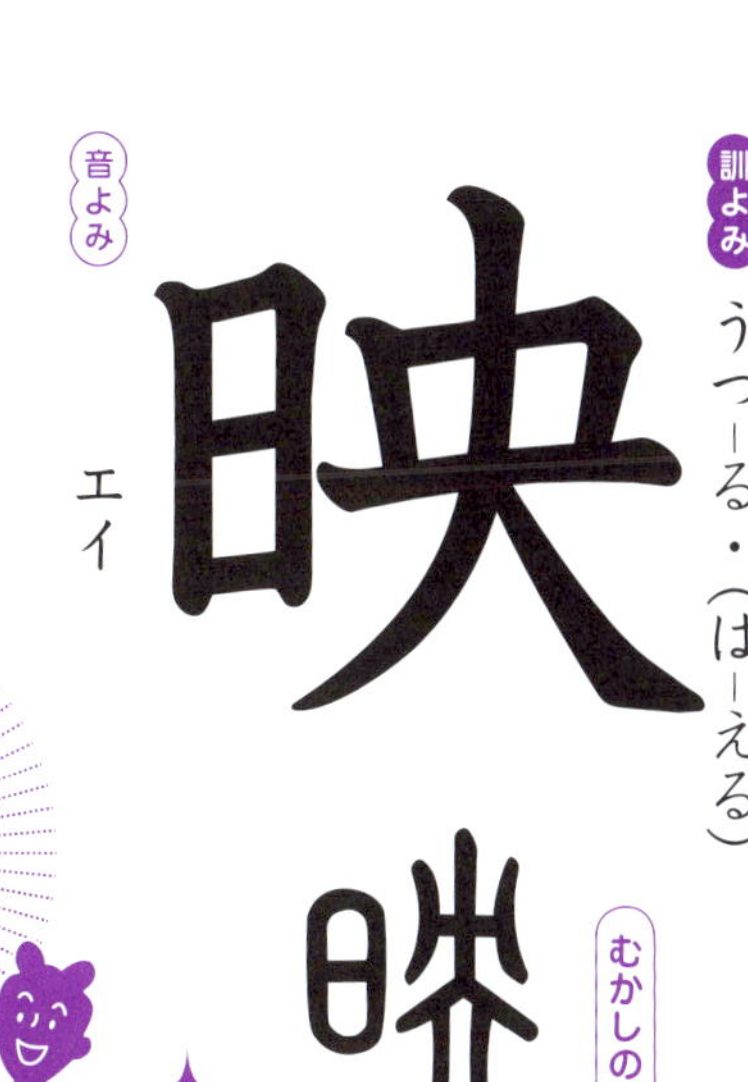

むかしの漢字

はやわかり　となえことば

日光（にっこう）に映（は）えて　けしきが目（め）に映（うつ）る

なりたち

映（うつ-る・エイ）は、光が照（て）り返（かえ）すことや、日の光に明るく映（うつ）しだされることをあらわす字。それで、「映（うつ）る」「映（は）える」と読むんだね。

映（エイ）は、日（ひへん）と央（オウ）とに分けられる字。

央（オウ）は、ここでは、「美（うつく）しく、さかんなもの」という意味（いみ）をあらわしている。

書き順　9画

丨 冂 日 日 日' 日ㄇ 日口 昖 映

ことばの例

夕映（ゆうば）え・映画（えいが）・映像（えいぞう）・放映（ほうえい）・反映（はんえい）

訓よみ　のーびる

音よみ　エン

むかしの漢字

はやわかり　となえことば

地下室の
お墓に
つづく
道の延

なりたち

延（のーびる・エン）のもともとの意味は、地下のお墓に通じる道のこと。それを「延道（えんどう）」といった。

地下深（ふか）くまでのびる長い道なので、延（エン）は、「のびる」という意味（いみ）に使（つか）われた。

延（エン）は、廴（えんにょう）と正。

正は、死者（ししゃ）をあらわしている。

廴（えんにょう）は、儀式（ぎしき）の場所（ばしょ）をあらわす形。

書き順 8画

ノ　亻　千　正　正　延　延　延

ことばの例

延（の）べ・延（の）び延（の）び・延長（えんちょう）・延期（えんき）・延命（えんめい）・延々（えんえん）・順延（じゅんえん）・遅延（ちえん）

沿

訓よみ　そーう

音よみ　エン

はやわかり　となえことば

海辺や川辺
水に沿うのが
沿の文字

むかしの漢字

なりたち

沿は、氵（さんずい）と㕣。海や川や湖などの、水に沿ったところをあらわした字だ。

㕣は音をあらわす部分で、口（ㅂ＝いのりのことばを入れる器）の上に、神の気配があらわれる形。

やがて沿は、水辺だけでなく、時の流れや道すじに沿うこともあらわすようになった。

書き順　8画

丶 丷 氵 氵 氵 氵 沿 沿

ことばの例

川沿い・道沿い・沿道・沿岸・沿線・沿革

訓よみ

恩

音よみ

オン

むかしの漢字

はやわかり　となえことば

たいせつに
心で思う恩の文字

なりたち

恩は、因と心。因は、敷物の上に人が大の字にねている形だよ。

その敷物は、いつも使うもので、親しみのある、たいせつなものだ。因に心をくわえた恩は、たいせつに思う心や、めぐみを受けることをあらわす字。

書き順　10画

ことばの例

恩人・恩師・恩返し・恩知らず・恩義・恩情・謝恩会

カ

音よみが「カ行」の漢字

訓よみ　われ・（わ）

音よみ　（ガ）

むかしの漢字

はやわかり　となえことば

のこぎりの形(かたち)の
我(が)の字(じ)が
「われ」に使(つか)われ

なりたち

我(われ・ガ)は、のこぎりの形からできた字だ。でも、この字は最初(さいしょ)から、のこぎりの意味(いみ)には使(つか)われず、「われ」（わたし、自分）という意味(いみ)に使(つか)われてきた。のこぎりもガ、「われ」もガと、音(おん)が同じだったので、この字をかりて使(つか)ったんだ。

！鼻(はな)をさして自分のことをあらわすのが自(じ)。音(おん)をかりて自分のことをあらわすのが我(が)。

書き順　7画

ノ　二　千　手　扌　我　我

ことばの例

我々(われわれ)・我(われ)に返(かえ)る・我先(われさき)に・我(わ)が家(や)・我流(がりゅう)・我慢(がまん)・自我(じが)・無我夢中(むがむちゅう)

灰

訓よみ　はい

音よみ　（カイ）

はやわかり　となえことば

火でもやし　のこった灰をかたづける

むかしの漢字

なりたち

灰の、むかしの漢字を見てごらん。火と又（又）をあわせた形だよ。又（又）は、手のはたらきをあらわす形。

たきぎが燃えて、灰が残る。それを手（又）でひろう形が、灰。

書き順　6画

一 厂 𠂇 𠂈 灰 灰

ことばの例

灰色・灰皿・火山灰・灰じん・石灰

訓よみ

音よみ　カク

拡（擴）

はやわかり　となえことば

扌(てへん)と広(こう)　ひろげることを　あらわす拡(かく)

なりたち

拡(カク)の、もとの字は擴。扌（てへん）と廣(コウ)だよ。廣(コウ)（広）は、公園にあるあずまやのような建物(たてもの)のこと。壁(かべ)がないので、そこから廣(コウ)（広）は、「ひろい」という意味(いみ)に使(つか)われた。広(コウ)に、手の動作(どうさ)をあらわす扌（てへん）を加(くわ)えて、拡(カク)。「ひろがる」「ひろげる」という意味(いみ)の字だ。

書き順　8画

一 ナ 扌 扌 扩 扩 拡 拡

ことばの例

拡大(かくだい)・拡散(かくさん)・拡張(かくちょう)・拡充(かくじゅう)・拡声器(かくせいき)

訓よみ（かわ）

音よみ　カク

むかしの漢字

はやわかり　となえことば

けものの皮を広げてなめした形が革

なりたち

動物の皮を加工したものを「皮革」という。

皮は、けものの皮を手ではぎとる形。革は、その皮を広げた形の字だ。広げてかわかし、毛や脂肪をとりのぞいて、革をやわらかくする。それを「なめす」というよ。

やわらかくなった革は、さまざまな製品に加工できる。いまでいえば、ベルトや靴やバッグなどを作ることだ。

書き順　9画

一　十　卄　廿　廿　芇　苫　苷　革

ことばの例

革新・革命・皮革・改革・変革

訓よみ

閣

音よみ カク

むかしの漢字

はやわかり　となえことば

門(もん)と各(かく)　高(たか)く　りっぱな　建物(たてもの)が閣(かく)

なりたち

閣(カク)は、門(もん)と各(カク)。

閣(カク)はさいしょ、木をかけわたすことをあらわした。門に横木(よこぎ)をわたすことや、木材(もくざい)をかけわたして建(た)てた建物(たてもの)などをあらわしたんだ。

いまは、高くてりっぱな建物(たてもの)をあらわすのに使(つか)われる。

書き順

14画

ことばの例

閣議(かくぎ)・閣僚(かくりょう)・閣下(かっか)・天守閣(てんしゅかく)・仏閣(ぶっかく)・内閣(ないかく)・組閣(そかく)

割

訓よみ わり・わ-る・(さ-く)

音よみ (カツ)

むかしの漢字

はやわかり となえことば

害の字に刀(刂)をそえた割るの文字

なりたち

割は、害と刀(刂・りっとう)。害は、とってのある大きな針で、𠙵(口)をつきさしている形。𠙵は、いのりのことば(祝詞)を入れる器だよ。害に刀(刂)を加えた割は、ものをたちわることをあらわした字。

❗害は、4年生の漢字。

書き順 12画

丶 丷 宀 宀 中 宔 宝 宝 害 害 害 割

ことばの例

割合・割り引き・割りばし・役割・時間割り・割愛・分割

訓よみ

株

かぶ

音よみ

はやわかり　となえことば

木のみきの根もとのところをあらわす株

なりたち

株とは、木の「かぶ」のこと。木の根もとのところだよ。

株は、むかしの漢字を見ると、木（きへん）と朱。木が二本ならんでいるように見える。

右がわの朱は、木の幹のところに「ここだよ」という印をつけた形。

書き順　10画

一 十 オ 木 木' 木┣ 朩 株 株 株

ことばの例

株式会社・株価・切り株・古株

訓よみ ほ－す・（ひ－る）

音よみ カン

干

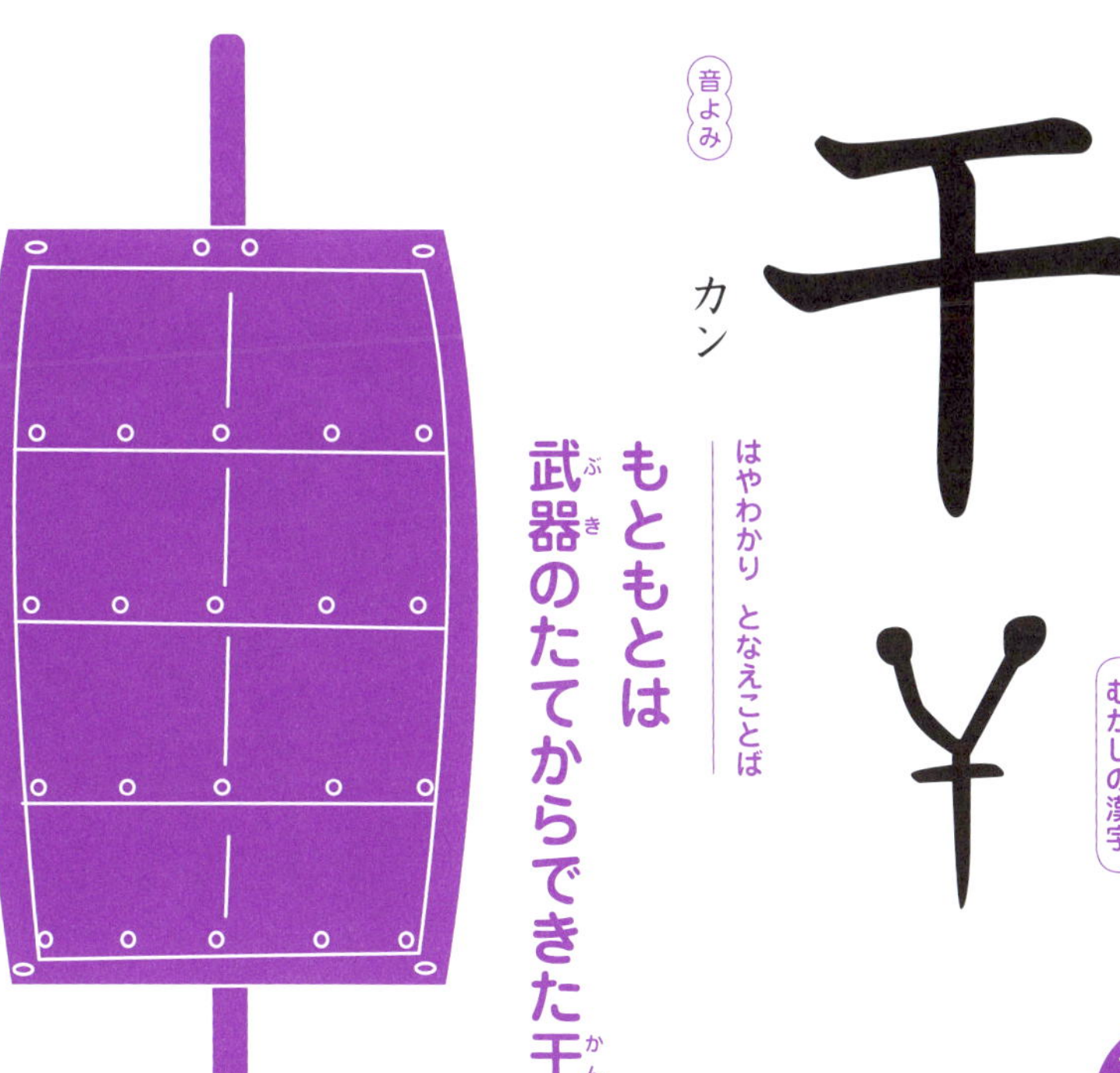

むかしの漢字

はやわかり となえことば

もともとは武器のたてからできた干

なりたち

干は、身を守る武器のたての形。むかしの漢字には、（古い字形）や（古い字形）の形もある。でも、干は、乾（かわく）と同じ音だったために、「ほす」という意味に使われるようになったんだ。

! 単（古い字形）は、たてに、二本の羽かざりをつけた形。

! 周（古い字形）は、たてに、彫刻のもようをほりめぐらせた形。

書き順

一 二 干　3画

ことばの例

干し草・梅干し・干物・潮干狩り・干潮・干満・干渉・若干

巻

訓よみ まーく・まき

音よみ カン

はやわかり となえことば

けものの皮を両手でくるくる巻いた巻

むかしの漢字 （巻）

なりたち

巻のなりたちは、けものの皮をくるくるとまるめること。巻くことだね。

釆（𠬞）は、けものの皮（米）を両手（𠬞）で持つ形。㔾（己）は、まるめた形をあらわしている。

❗むかしの漢字をくらべてみよう。

巻　券（60ページ）

けものの皮を、刀で半分に切るのが券。

書き順 9画

丶 丷 䒑 丷 丬 兴 类 巻 巻

ことばの例

巻き尺・巻きぞえ・糸巻き・絵巻・はち巻き・巻頭・巻末・圧巻・全巻

訓よみ

音よみ

看

カン

むかしの漢字

はやわかり　となえことば

目の上に片手をかざしてよく見る看

なりたち

看は、手と目をあわせた字。目の上に手をかざして、ものをよく見ることをあらわしている。手の部分を、手からできたと思って書くと、まちがえないね。

書き順　9画

一 二 三 手 手 看 看 看 看

ことばの例

看護・看病・看板・看守・看破

訓よみ

簡

音よみ

カン

むかしの漢字

はやわかり　となえことば

むかしむかし
文字を書いた
竹札が簡

なりたち

紙がまだなかった時代、竹や木の札に文字を書いて、それをつづって書類や書物とした。

簡は、その札をあらわした字。文章の一行分を書いた札だ。木簡とか竹簡というよ。

もっと重要な文書は、絹の布などに書いた。木の札は、それより手軽に書けるものだったので、簡は、「簡単」の簡などに使われるようになった。

書き順　18画

ことばの例

簡単・簡潔・簡素・簡易・簡便・書簡・手簡・木簡

危

訓よみ
あぶ-ない・(あや-うい)(あや-ぶむ)

おんよみ
キ

むかしの漢字

はやわかり　となえことば
がけの上からのぞきこむ人　危ないぞ

なりたち

危は、「危険」の危。「あぶない」という意味だね。

危の最初の形は⺈で、がけっぷち(厂)に人(⺈)がひざまずいて、下を見ている形。絵を見てね。

あとから、がけの下にも人(㔾)を加えて、危の字ができた。

書き順
ノ ク 厃 危　6画

ことばの例
危険・危機・危急・危篤・危害

訓よみ

机

つくえ

音よみ

（キ）

はやわかり となえことば

あしつきの木でできた台が机だよ

むかしの漢字

なりたち

机の、もとの形は几。あしのある台の形で、もともとは、腰かけやひじかけのことをあらわしたという。几に木（きへん）のついた机は、いま、「つくえ」をあらわす字。

❗案も、むかし、あしつきの木のつくえをあらわした。（4年生）

書き順

一 十 オ 木 机 机

6画

ことばの例

勉強机・文机・机上・机下

訓よみ

揮

音よみ　キ

むかしの漢字

はやわかり　となえことば

はたをふり　軍を指揮する　揮の文字だ

なりたち

揮は、扌（てへん）と軍。軍は、車の上に旗がなびいている形なんだ。この車とは、古代のいくさで将軍が乗った馬車のこと。だから揮は、旗をふって、軍を指揮することをあらわしている。

！運は、軍と辶（しんにょう）。将軍が軍をかけめぐらせることをあらわした形。（3年生）

書き順　12画

一 十 扌 扌 扩 扩 护 捐 捐 揎 揎 揮

ことばの例

揮発油・指揮・発揮

訓よみ
（とうと－い）・（たっと－い）・（とうと－ぶ）・（たっと－ぶ）

おんよみ
キ

むかしの漢字

はやわかり　となえことば

貴重(きちょう)な貝(かい)を
だいじに
両手(りょうて)で
ささげもつ

なりたち

貴(キ)は、貝(かい)のお金を両手(りょうて)でささげ持(も)つ形の字だ。むかしの漢字の𦥑が、両手(りょうて)をあらわしている。

むかし、子安貝(こやすがい)という貝が宝物(たからもの)とされ、お金としても使(つか)われた。とても貴(き)重(ちょう)なものだったんだね。

やがて、お金や物(もの)だけでなく、身分(みぶん)や人のおこないなどにも「貴(たっと)い」と使(つか)うようになった。

書き順
丶 冂 口 中 虫 串 冑 冑 冑 冑 冑 貴
12画

ことばの例
貴重(きちょう)・貴金属(ききんぞく)・貴族(きぞく)・貴殿(きでん)・貴婦人(きふじん)・貴公子(きこうし)・高貴(こうき)・富貴(ふうき)・兄貴(あにき)

訓よみ　うたが-う

疑

音よみ　ギ

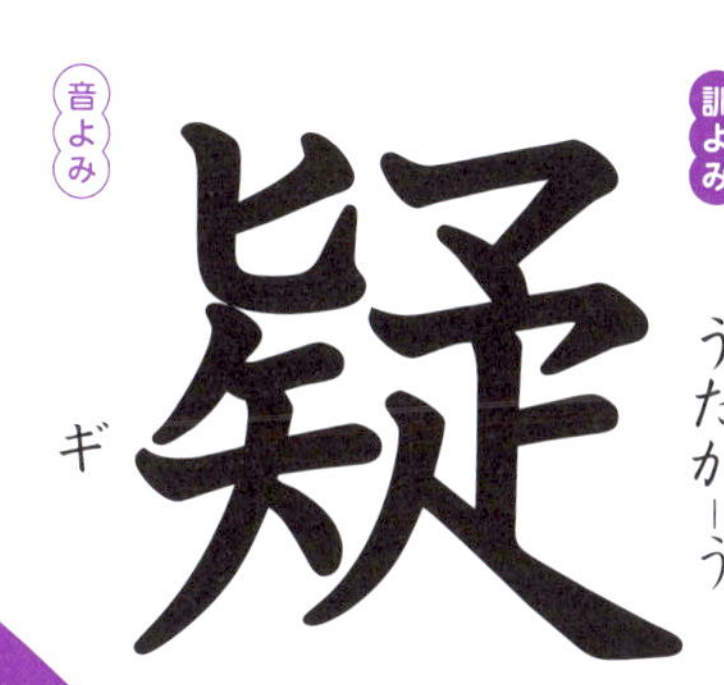

むかしの漢字

はやわかり　となえことば

進むかどうか　まようことからできた疑だ

なりたち

疑という字は少しややこしい。でも、最初はとてもわかりやすい形だった。

むかしの漢字を見てごらん。人が立ち止まって、後ろをふりむき、つえを立てているすがたなんだ。

この人は、進むべきか、もどるべきか、迷っている。

そこから、疑の訓よみが「うたがう」になった。

書き順　14画

ことばの例

疑問・疑念・疑惑・疑似・疑心暗鬼・質疑・容疑・半信半疑

訓よみ

吸

すう

音よみ

キュウ

むかしの漢字

はやわかり　となえことば

息を吸う
口ついてる
呼吸の吸

なりたち

吸は、「呼吸」の吸。息を吸うという意味だね。

この口は、息をする「くち」をあらわしている。

及は、ここでは、キュウという音をあらわすだけの役目。

！「呼吸」の呼のなりたちは、67ページを見てね。

書き順　6画

丨 冂 口 叨 吸 吸

ことばの例

吸い物・吸入・吸収・吸盤・吸引力・呼吸

訓よみ　そな-える・とも

音よみ　キョウ・(ク)

供

むかしの漢字

はやわかり　となえことば

両手(りょうて)でものを　お供(そな)え　するのが　供(きょう)の文字(もじ)

なりたち

供(そな-える・キョウ)は、「おそなえ」をすることをあらわした字。

亻（にんべん）と共(キョウ)で、供(キョウ)。

共(キョウ)は、両手(りょうて)（　）に供(そな)えものを持(も)っている形なんだ。むかしの漢字を見てね。

「お供(とも)」というのは、日本での使(つか)われかた。

書き順　8画

ノ 亻 仁 什 仕 供 供 供

ことばの例

お供(そな)え・お供(とも)・子供(こども)・供給(きょうきゅう)・供述(きょうじゅつ)・供養(くよう)・供物(くもつ)・提供(ていきょう)・自供(じきょう)

胸

訓よみ　むね・（むな）

音よみ　キョウ

むかしの漢字

はやわかり　となえことば

胸（むね）の字（じ）の×（ばつ）はまよけの印（しるし）だよ

なりたち

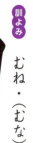

胸（むね・キョウ）は、人の「むね」をあらわした字。胸（むね）の字を分解（ぶんかい）して見てみよう。凶（キョウ）という形がある。これは、むねにまよけの×印（じるし）を書いた形なんだ。それに、横向（よこむ）きの人をあらわす勹（ほう）と、月（にくづき）を加（くわ）えて、胸（キョウ）の字になった。

月（にくづき）は、体の部分（ぶぶん）をあらわす部首（ぶしゅ）。

書き順　10画

丿 月 月 月 月' 肑 肑 肑 胸 胸

ことばの例

胸元（むなもと）・胸板（むないた）・胸騒（むなさわ）ぎ・胸囲（きょうい）・胸像（きょうぞう）・胸中（きょうちゅう）・度胸（どきょう）

郷

訓よみ

音よみ キョウ・(ゴウ)

むかしの漢字

はやわかり となえことば

村祭り ごちそうかこんでいる 郷だ

なりたち

郷のなりたちは、絵とむかしの漢字を見ると、よくわかる。

ごちそうの入った器をはさんで、二人の人がすわっている。

これは、祭りのあとの宴会のようす。古代には、同じ先祖をもつ人びとがまとまってくらしていたから、一族の祭りは村祭りでもあった。

それで郷は、「むら」や「さと」をあらわす字になった。

書き順 11画

く 幺 乡 乡 乡 乡 乡 乡 乡 乡 郷

ことばの例

郷土・郷里・故郷・帰郷・望郷・異郷・桃源郷

つと-める

勤

音よみ
キン・（ゴン）

むかしの漢字

はやわかり　となえことば

すき（力）で
たがやし
ききんを
ふせぐ
勤の文字

なりたち

勤のもともとの意味は、飢饉がおきないように、田畑の仕事にはげむこと。飢饉とは、農作物が実らず、人びとが飢えて苦しむことだ。

菫は、飢饉のときのいのりをあらわす形で、力は、たがやすすきの形。

勤はいま、会社などに「つとめる」ことをあらわす。

！いろいろに「つとめる」ことをあらわす努・務・勉にも、すきの力がある。

書き順　12画

一 十 艹 艹 芇 苦 莒 革 華 菫 勤 勤

ことばの例

勤務・勤勉・出勤・通勤・転勤

訓よみ　すじ

音よみ　キン

筋

むかしの漢字

はやわかり　となえことば

力こぶ　筋肉や筋を　あらわす字

なりたち

筋は、体の筋肉や「すじ」をあらわした字だ。

なりたちは、ちょっと変わっている。この竹の形は、じつは筋肉と骨をつなぐすじの部分。月は、その下の肉の形。ここでの力は、すきではなくて、力こぶ。

絵を見たほうがわかりやすいね。

書き順　12画

筋

ことばの例

筋道・筋書き・首筋・背筋・血筋・筋肉・筋力・鉄筋・腹筋

訓よみ

系

音よみ

ケイ

むかしの漢字

はやわかり　となえことば

糸（いと）かざり
いのちのつながり
系（けい）の文字（もじ）

なりたち

系（ケイ）は、かざり糸をたれている形からできた字だ。

古代（こだい）、糸たばは、まじないにも使（つか）われた。長くつながるかざり糸には、命（いのち）をつなぐ力があるとされたのだろう。

系（ケイ）は、いのちのつながりをあらわす字だ。

！係（けい）は、人にかざり糸をかけた形。
孫（まご）は、子どもにかざり糸をかけた形。

書き順　7画

ノ　ノ　幺　幺　孚　系　系

ことばの例

系列（けいれつ）・系図（けいず）・系統（けいとう）・家系（かけい）・体系（たいけい）・太陽系（たいようけい）・銀河系（ぎんがけい）

訓よみ　うやま-う

音よみ　ケイ

むかしの漢字

はやわかり　となえことば

攵（むちづくり）
いましめ
いのる
ぎしきが敬（けい）

なりたち

敬（うやま-う・ケイ）は、苟（けい）と攵（むちづくり）をあわせた形。

むかしの漢字を見てごらん。日（サイ）をまえに、羊（ひつじ）の頭をした人が、ひざまずいている（）。それをむち（攵・攴）で打（う）つ形が敬（ケイ）。

敬（ケイ）は、むちで打（う）って、神（かみ）を敬（うやま）うよういましめる儀式（ぎしき）をあらわした字だ。

書き順　12画

一 十 艹 艹 芍 芍 苟 苟 苟 苟 敬 敬

ことばの例

敬意（けいい）・敬語（けいご）・敬愛（けいあい）・敬服（けいふく）・敬礼（けいれい）・敬具（けいぐ）・尊敬（そんけい）・失敬（しっけい）

訓よみ

音よみ
ケイ

むかしの漢字

はやわかり　となえことば

敬（けい）と言（げん）
警戒（けいかい）せよと
いましめる

なりたち

警（ケイ）は、敬（ケイ）と言（げん）。
敬（ケイ）は、むちで打（う）って、いましめる形。
言（げん）は、ことばだね。
だから、警（ケイ）は、ことばでいましめる
ことをあらわした形。

敬（けい）のなりたちは、まえのページを見てね。

書き順
19画

ことばの例

警告（けいこく）・警報（けいほう）・警句（けいく）・警察（けいさつ）・警官（けいかん）

劇

音よみ ゲキ

むかしの漢字

はやわかり となえことば

刀（刂）で虎と はげしく戦う おしばいの劇

なりたち

劇は、「演劇」の劇だよ。
豦と刂（りっとう）をあわせた形。
豦は、虎のお面をかぶった役者。
刂は、刀を持った役者をあらわしている。
その両者が、はげしく打ちあうのが劇。
出陣のまえに、戦勝をいのって神前で演じた劇だという。

書き順 15画

丨 ト 广 卢 卢 虍 虍 虍 虏 虏 豦 豦 豦 豦 劇

ことばの例

劇場・劇団・劇的・劇薬・演劇・喜劇・悲劇・時代劇

訓よみ　はげーしい

音よみ　ゲキ

激

むかしの漢字

はやわかり　となえことば

打ちつける激しい水の流れの激

なりたち

激は、「はげしい」という意味の字だ。氵（さんずい）と敫。敫は、どくろ（白）をむち（攵）で打つ形。それは、はげしい行為であったらしい。霊の力を刺激するまじないだという。

水の流れのはげしさをあらわすのに、敫に氵（さんずい）をつけて、激の字になった。

書き順　16画

氵 氵 氵 泊 泊 泊 泊 泊 浡 滂 滂 滂 滂 滂 激 激

ことばの例

激流・激動・激戦・激痛・激怒・急激・過激・刺激・感激

訓よみ

穴

あな

音よみ

（ケツ）

むかしの漢字

はやわかり　となえことば

がけをほり住む家にした穴の文字

なりたち

むかし、がけに穴をほって住居をつくった。穴は、その入り口の形からできた字だ。穴はいま、宀（うかんむり）がある形だけど、もともとは冂でひとまとまりの象形文字だった。

書き順　5画

丶 丷 宀 穴 穴

ことばの例

穴場・穴蔵・穴埋め・落とし穴・大穴・洞穴・墓穴

訓よみ

音よみ　ケン

むかしの漢字

はやわかり　となえことば

刀(かたな)でさいて
二(ふた)つに分(わ)けた
むかしの券(けん)

なりたち

券(ケン)は、むかしの証書(しょうしょ)（わりふ）をあらわした字だ。

むかしの漢字を見てごらん。けものの皮(かわ)（米）を両手(りょうて)（　）で持(も)つ形。

それを刀で半分に切るのが、券(ケン)。

切符(きっぷ)やチケットも、券(ケン)というね。

書き順　8画

丶 丷 䒑 兰 龹 类 券 券

ことばの例

券売機(けんばいき)・発券(はっけん)・株券(かぶけん)・乗車券(じょうしゃけん)・入場券(にゅうじょうけん)・回数券(かいすうけん)

絹

訓よみ：きぬ
音よみ：（ケン）

むかしの漢字

はやわかり となえことば

かいこのまゆから糸（いと）をつむいでつくる絹（きぬ）

なりたち

絹（きぬ）とは、「きぬ」の糸や布地（ぬのじ）のこと。糸（いとへん）と肙（エン）の字だよ。

漢字が生まれた三千年以上前（いじょう）、古代（こだい）中国では、すでに絹（きぬ）が作られていた。絹（きぬ）は、カイコのまゆから糸をつむいで作る。その糸には白いものと黄色いものとがあり、絹（きぬ・ケン）は、黄色い絹（きぬ）をあらわした字だ。

白ぎぬのことは帛（はく）といった。

書き順 13画

く 幺 幺 糸 糸 糸 糹 絹 絹 絹 絹 絹 絹

ことばの例

絹糸（きぬいと）・絹織物（きぬおりもの）・正絹（しょうけん）・人絹（じんけん）

訓よみ

音よみ　ケン・（ゴン）

権

むかしの漢字　權（權）

はやわかり　となえことば

もともとは　はかりの　おもりを　あらわした権(けん)

なりたち

むかし、重(おも)さを量(はか)るときに使(つか)うおもりを権(ケン)といった。権(ケン)のもともとの意味(いみ)は、おもりやはかり、はかること。おもりは基準(きじゅん)になるものでなくてはならない。そこから、権(ケン)は、「権威(けんい)」や「権限(けんげん)」などと使(つか)われた。

権(ケン)は、木（きへん）と雈(カン)（雚）。

書き順　15画

ことばの例

権利(けんり)・権力(けんりょく)・権限(けんげん)・権勢(けんせい)・権化(ごんげ)・人権(じんけん)・主権(しゅけん)・利権(りけん)・選挙権(せんきょけん)

憲

訓よみ

音よみ　ケン

むかしの漢字

はやわかり　となえことば

憲の字は
むかしの刑罰
あらわす形

なりたち

憲は、刑罰をあらわす形からできた字だ。むかしの漢字を見てごらん。目の上に、とってのある大きなはりで入れずみをする形だ。古代の刑罰をあらわしている。
憲はやがて、おきてや法律という意味になった。

書き順　16画

ことばの例
憲法・憲政・憲兵・違憲・合憲

源

訓よみ　みなもと

音よみ　ゲン

むかしの漢字

はやわかり　となえことば

がけから泉(いずみ)が　わきでているよ　水源(すいげん)だ

なりたち

源(みなもと・ゲン)は、氵（さんずい）と原(ゲン)。水のわきでる「みなもと」をあらわす字だ。むかしの漢字は、がけから水が流(なが)れでる形。それが原(ゲン)。原(ゲン)が、源(ゲン)のもとの字なんだ。

でも、原(ゲン)が、「原野(げんや)」をあらわすのに使(つか)われるようになったので、原(ゲン)に氵（さんずい）を加(くわ)えて、「みなもと」をあらわす源(ゲン)の字が作られた。

書き順　13画

、 ⺀ 氵 氵一 氵厂 氵厂丿 … 源 源

ことばの例

源泉(げんせん)・源流(げんりゅう)・水源(すいげん)・資源(しげん)・起源(きげん)・電源(でんげん)・財源(ざいげん)・震源地(しんげんち)・語源(ごげん)・根源(こんげん)

厳

訓よみ　きびーしい・（おごそーか）

音よみ　ゲン・（ゴン）

むかしの漢字　（嚴）

はやわかり　となえことば

厳かに
お酒できよめるぎしきが厳

なりたち

厳は、切りたったがけ（神聖な場所）で、おごそかに儀式をおこなうようすをあらわした字だ。

もとの字は嚴で、分解すると、二つの口（𠙵）と、厂（がけ）と敢。敢は、香り酒をそそいで神聖な場所を清める形。𠙵は、いのりのことばを入れる器。

このような儀式を、つつしんで、おごそかにおこなうことを厳といった。

書き順　17画

厳

ことばの例

厳しい・厳か・厳守・厳重・厳密・厳正・厳選・厳禁・尊厳・荘厳

訓よみ

己

（おのれ）

音よみ

コ・（キ）

はやわかり となえことば

直角に曲がった道具の形が己

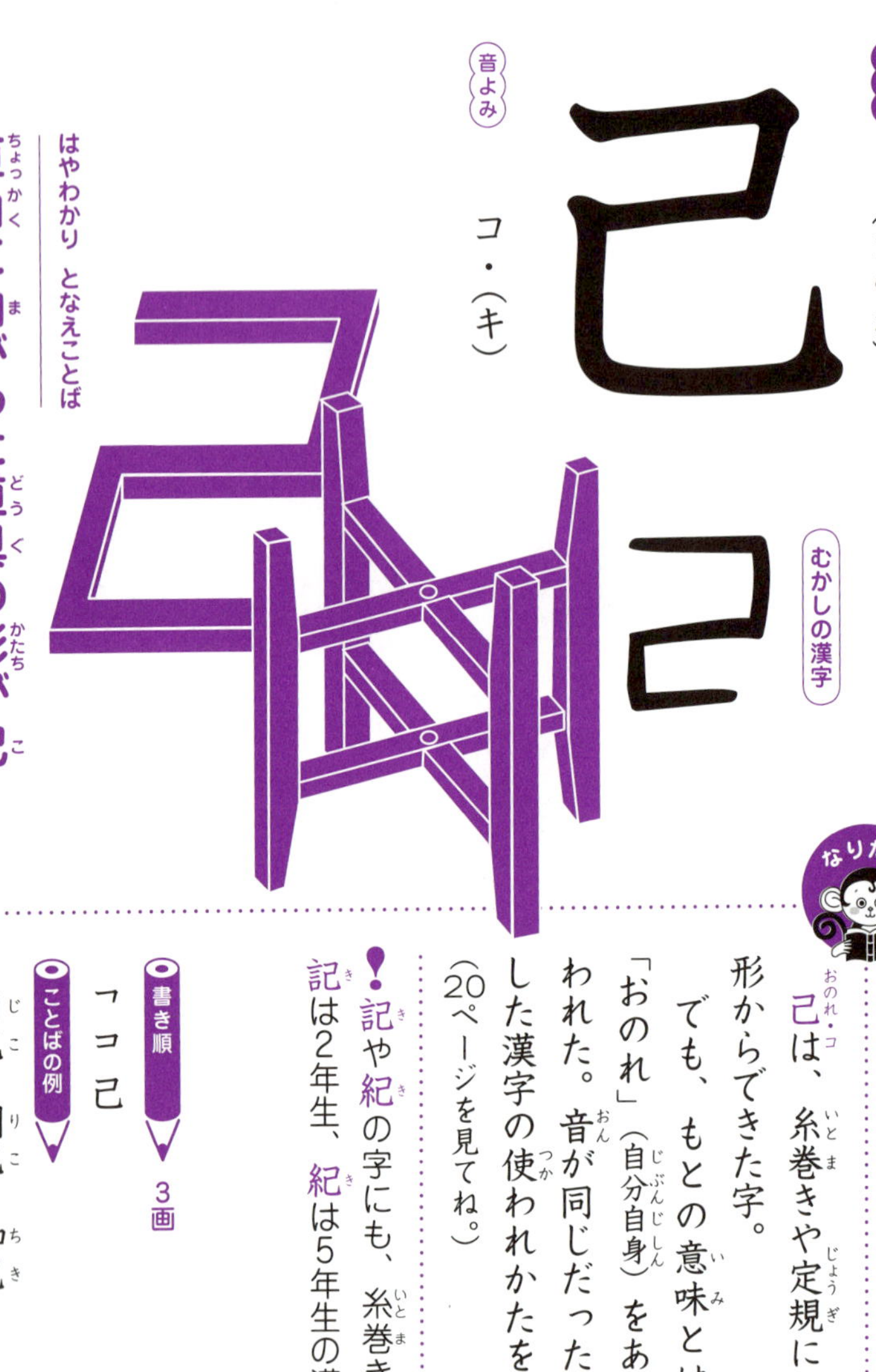

なりたち

己は、糸巻きや定規に使った道具の形からできた字。

でも、もとの意味とは関係なく、「おのれ」（自分自身）をあらわすのに使われた。音が同じだったからだ。そうした漢字の使われかたを仮借という。

（20ページを見てね。）

！記や紀の字にも、糸巻きの己がある。記は2年生、紀は5年生の漢字。

書き順

㇆ コ 己

3画

ことばの例

自己・利己・知己

訓よみ

呼

よ-ぶ

音よみ

コ

むかしの漢字

はやわかり　となえことば

音を鳴らして
神を呼びだす
呼の文字だ

なりたち

呼は、口と乎。
乎は、「鳴子板」の形。柄を持って
ふると、数本の木片が、板にあたって
鳴る。鳴子板は、ひもでつないで田ん
ぼの鳥よけに使われるが、もともとは、
神をよぶための道具だった。
最初は、この乎だけで、「よぶ」こ
とをあらわした。あとから口をつけて、
呼の字が作られた。

書き順　8画

丨 口 口 口' 口' 口' 口' 呼

ことばの例

呼び声・呼び名・呼びかけ・呼吸・
呼気・呼応・連呼・点呼

訓よみ あやま-る

音よみ ゴ

誤

むかしの漢字

はやわかり となえことば

われを忘れて おかしなことばを 言うのが誤

なりたち

誤は、言（ごんべん）と呉。言（ごんべん）は、ことばをあらわす部首だね。

呉は、巫女さんが神がかりの状態で舞うすがたからできた字。

そうした状態で言うことばには、おかしなものが多い。それで誤は、「あやまる」（まちがう）という意味に使われる。

書き順 14画

、 亠 亡 言 言 言 言 訁 訂 訂 誤 誤 誤 誤

ことばの例

誤り・誤解・誤字・誤算・誤差

訓よみ

音よみ　コウ

むかしの漢字

はやわかり　となえことば

人(ひと)と𠙵(サイ)
王(おう)のきさきを
あらわす后(ご)

なりたち

后(コウ)は、王のきさきをあらわす字。
人(ひと)と口(𠙵(サイ))をあわせた形なんだ。
𠙵(サイ)は、いのりのことばを入れる器(うつわ)。
きさきがいのりをささげているようすだろうね。

！后(こう)のむかしの漢字には、こんな形もある。
王のきさきが子を生むようすだ。

書き順　6画

一 厂 斤 斤 后 后

ことばの例

皇后(こうごう)・皇太后(こうたいごう)

訓よみ

音よみ コウ

孝

むかしの漢字

はやわかり となえことば

お年よりに子どもがよりそう孝の文字

なりたち

孝は、耂（おいかんむり）と子をあわせた形。耂は、老を省略した形で、かみの毛の長い老人のすがただよ。老人と子どもがいっしょにいるのが、孝の字だ。

子どもがお年よりを大切にするのが、「孝行」の孝。

老や考にも耂（おいかんむり）がある。

老

考

書き順

一 十 土 耂 耂 考 孝

7画

ことばの例

孝行・親孝行・不孝・忠孝

訓よみ

音よみ

コウ・オウ

むかしの漢字

はやわかり となえことば

王のまさかり
上には玉が
かがやく皇

なりたち

王は、大きなまさかりの刃を下にむけた形の字だ。
皇は、そのまさかりの上部につけた宝石が、光りかがやく形。それが、王や皇帝をあらわす字になった。

むかしの漢字をくらべてみよう。

皇

王

士

書き順

9画

ことばの例

皇居・皇室・皇族・皇太子・皇女・皇帝・天皇・法皇

訓よみ べに・(くれない)

音よみ コウ・(ク)

紅

むかしの漢字

はやわかり となえことば

糸(いとへん)と工(こう)
あかい紅色(べにいろ)
くれないの紅(こう)

なりたち

紅(べに・コウ)は、糸(いとへん)と工(コウ)。

むかし、ピンクに染(そ)めた絹(きぬ)の布地(ぬのじ)を紅(コウ)といった。絹糸(きぬいと)で織(お)った布(ぬの)だから、糸(いとへん)なんだね。

工(コウ)は、ここでは、音(おん)をあらわすだけの役目(やくめ)。

いま、日本で紅色(べにいろ)といえば、濃(こ)い赤ピンクをさす。でも、最初(さいしょ)は、もう少し明るいピンク色をさしたのだという。

書き順 9画

く 幺 幺 糸 糸 糸 糸 紅 紅

ことばの例

紅花(べにばな)・口紅(くちべに)・紅白(こうはく)・紅茶(こうちゃ)・紅潮(こうちょう)
紅葉(こうよう)・紅葉(もみじ)・深紅(しんく)・真紅(しんく)

降

訓よみ　おーりる・ふーる

音よみ　コウ

むかしの漢字

はやわかり　となえことば

はしごを降りる
ふたつの足あと
降の文字

なりたち

降の、むかしの漢字を見てごらん。阝（阝・こざとへん）は、神聖な場所に立つはしご。古代の人は、このはしごを使って、天の神がのぼりおりすると考えた。

そのはしごの横に、下向きの足あとが二つあるのが降。

だから、降のもともとの意味は、神さまが天からくだること。

書き順　10画

ことばの例

降り口・雨降り・降水確率・降車・降臨・降板・降参・以降

鋼

音よみ　コウ

訓よみ　（はがね）

はやわかり　となえことば

鉄のなかでも　うんとじょうぶな　はがねが鋼

なりたち

鋼は、「鋼鉄」の鋼。「はがね」とも読む。刃物などは、みな、はがねで作られる。

鋼は、もとの鉄に手を加えて、はがねを作ることをあらわした字。

岡は、ここでは「おか」ではなくて、鋳型をあらわす。とかした鉄を鋳型に流しこんで、金属製品を作るんだ。

書き順　16画

ノ　𠆢　亼　今　伞　余　金　釒　釦　釦　鈉　鋼　鋼　鋼　鋼　鋼

ことばの例

鋼鉄・鋼材・鉄鋼・製鋼

訓よみ　きざーむ

音よみ　コク

刻

はやわかり　となえことば

けものの肉（にく）を刀（かたな）（刂）で刻（きざ）む　刻（こく）の文字（もじ）

むかしの漢字

なりたち

刻（きざーむ・コク）は、亥（ガイ）と刂（りっとう）。亥（ガイ）は、いのししやけものをあらわす字。刂（りっとう）は刀（かたな）。だから、刻（コク）は、いのししなどのけものを解体（かいたい）することをあらわした字だ。それで、「きざむ」という意味（いみ）なんだ。

書き順　8画

丶 亠 亡 方 亥 亥 亥 刻 刻

ことばの例

小刻（こきざ）み・分刻（ふんきざ）み・刻印（こくいん）・刻限（こくげん）・刻々（こくこく）・彫刻（ちょうこく）・時刻（じこく）・夕刻（ゆうこく）・遅刻（ちこく）・深刻（しんこく）

訓よみ

音よみ　コク

はやわかり　となえことば

いねや麦（むぎ）
穂（ほ）から実（み）をとる
穀物（こくもつ）だ

むかしの漢字

なりたち

イネや麦（むぎ）などの穂（ほ）を打（う）って、実（み）をとることを脱穀（だっこく）という。穀（コク）は、その脱穀（だっこく）をあらわす字。

ここでは、禾（か）が、実（み）をあらわしている。殳（るまた）は、ぼうなどを手に持（も）つ形。

❗もみがらの殻（から）という字は、実（み）のないことをあらわす字。「穀物（こくもつ）」の穀（こく）は、実（み）のある形。

書き順

一 十 士 声 声 壴 幸 柔 柔 穀 穀 穀 穀 穀

14画

ことばの例

穀物（こくもつ）・穀類（こくるい）・穀倉（こくそう）・五穀（ごこく）・雑穀（ざっこく）

訓よみ　ほね

音よみ　コツ

むかしの漢字

はやわかり　となえことば

月(にくづき)とほねの形(かたち)から
できた骨(ほね)

なりたち

骨(ほね・コツ)は、胸(むね)の「ほね」の形からできた字だ。
冎(か)は、ほねの形。月(つき)の部分(ぶぶん)は肉をあらわしている。

！過(か)にも、冎(か)の形がある。過(か)は、亡(な)くなった人のお骨(こつ)にいのりをささげて、通過(つうか)することをあらわした字。（5年生）

書き順　10画

丨 冂 冂 冎 冎 冎 咼 骨 骨 骨

ことばの例

骨組(ほねぐ)み・骨太(ほねぶと)・骨折(ほねお)り・骨身(ほねみ)・背骨(せぼね)・骨格(こっかく)・骨折(こっせつ)・骨子(こっし)・鉄骨(てっこつ)・気骨(きこつ)

訓よみ　こまーる

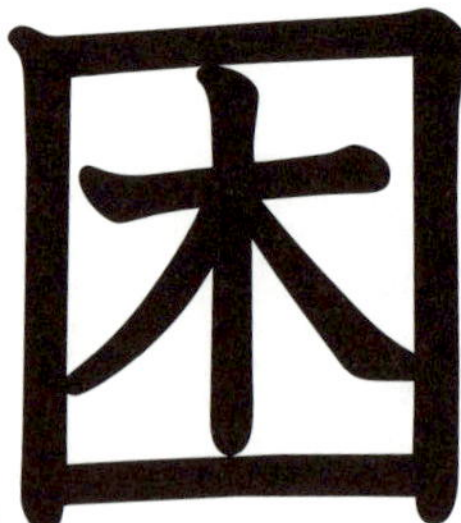

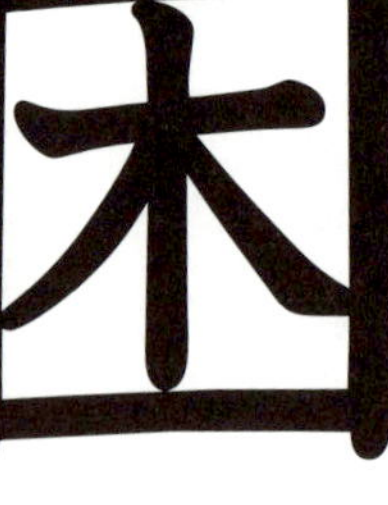

音よみ　コン

むかしの漢字

はやわかり　となえことば

木(き)をはめて　あかない門(もん)は困(こま)ります

なりたち

むかし、都市(とし)や村の入り口には、門があった。

困(こまーる・コン)は、その門のわく（口）に木(き)をはめた形。止め木をして、出入り禁止(きんし)にすることをあらわしている。

出ることも入ることもできないと、どこにも行けずに困(こま)る。それで困(コン)は、「こまる」という意味(いみ)に使(つか)われた。

書き順　7画

丨 冂 冃 冃 用 困 困

ことばの例

困(こま)り者(もの)・困難(こんなん)・困苦(こんく)・困惑(こんわく)・貧困(ひんこん)

サ

音よみが「サ行」の漢字

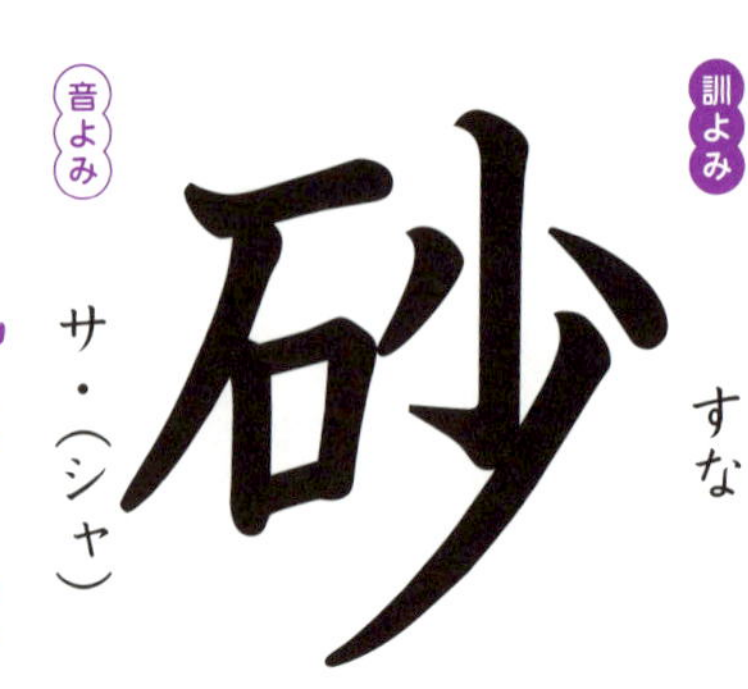

訓よみ
すな

音よみ
サ・（シャ）

はやわかり　となえことば

石（いし）をくだいた
小（ちい）さなつぶつぶ
砂（すな）の文字（もじ）

なりたち

砂（すな・サ）は、石（いしへん）と少（しょう）。「すな」のことだね。

もともとは、沙（サ）という字が、砂浜（すなはま）などにある細かいすなをあらわし、砂（サ）は、つぶの大きなすなをあらわした。

少（しょう）は、小さな玉や貝をつづった形。ここでは、「細かくて小さなもの」という意味（いみ）をあらわしている。

書き順　9画

一　丆　石　石　石　矽　矽　砂　砂

ことばの例

砂場（すなば）・砂浜（すなはま）・砂時計（すなどけい）・砂糖（さとう）・砂丘（さきゅう）・砂漠（さばく）・砂利（じゃり）・土砂（どしゃ）

座

（すわ-る）

音よみ ザ

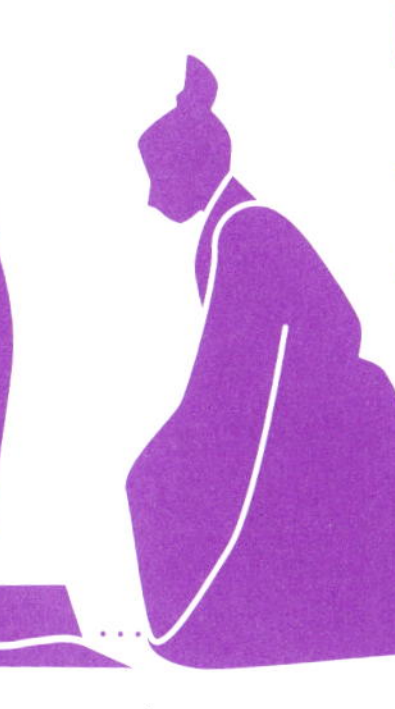

はやわかり となえことば

土をはさんで ふたりの人が 座ってる

なりたち

座は、坐と广（まだれ）と坐。坐は、人と人と土。土地の神（土主）のまえにすわる、二人の人だ。广（まだれ）は、ここでは、先祖をまつるお宮をあらわしている。座とは最初、神の座をあらわし、やがて、その神のもとにまとまる人びとをあらわすようになった。

書き順

丶 亠 广 广 庂 应 应 座 座 座

10画

ことばの例

座りこみ・座席・座標・座談・座長・星座・講座・即座・王座・銀座

訓よみ　すーむ

済

音よみ　サイ

むかしの漢字

（濟）

はやわかり　となえことば

水をぶじに
わたりきること
あらわした済

なりたち

済は、ものごとをすませることや、人を救うという意味に使われる字。もともとの意味は、水（川）をぶじにわたりきること。

　ことをなしとげることから、「済む」という意味になった。おぼれず、ぶじにわたりきることから、「救済」（すくう）という意味にもなったんだろう。

　済（濟）の斉は、音をあらわす部分。

書き順　11画

、 ⺀ 氵 氵 汁 汶 汶 済 済 済 済

ことばの例

用済み・救済・経済・返済・決済

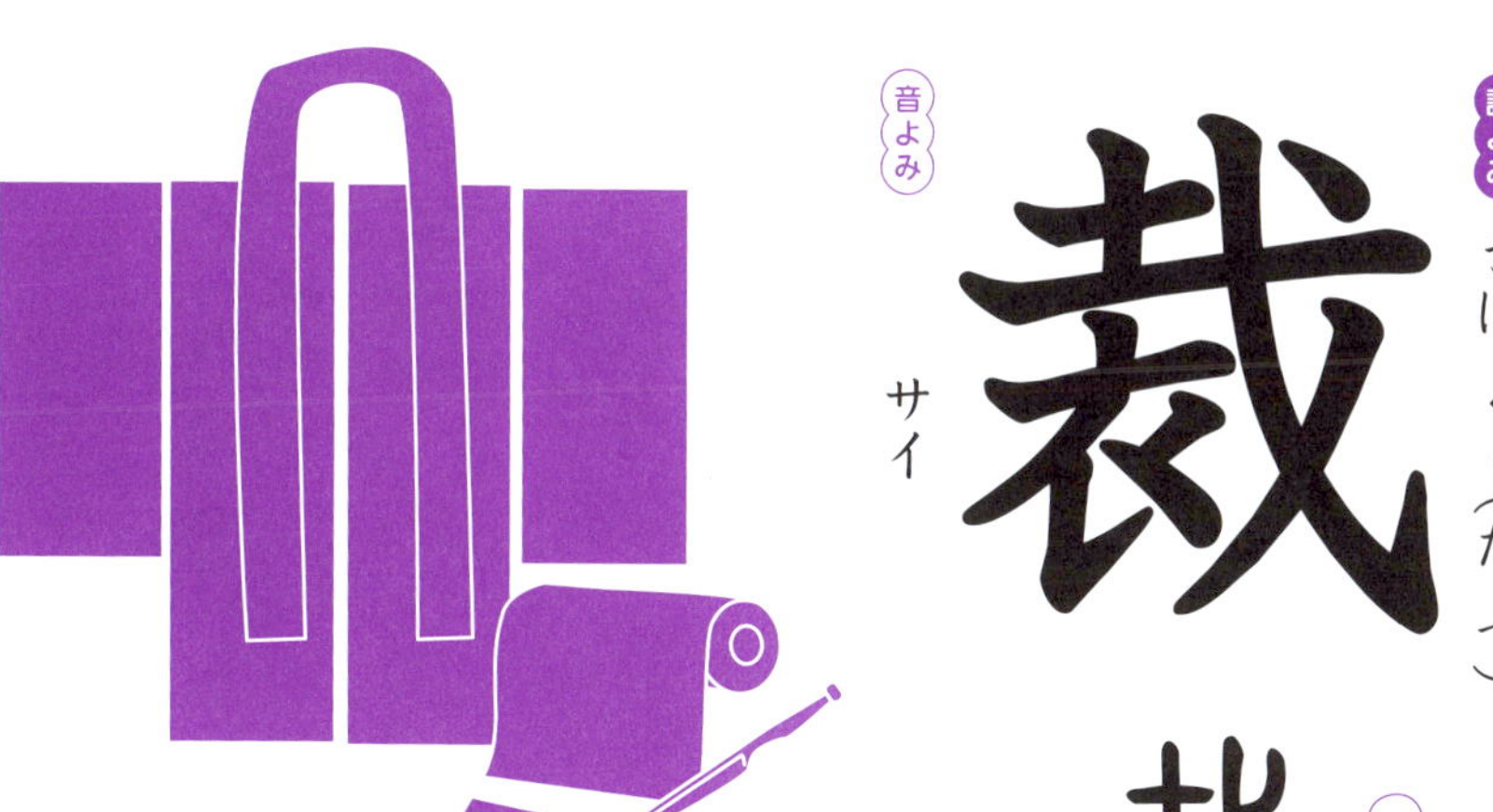

訓よみ　さばーく・（たーつ）

音よみ　サイ

裁

むかしの漢字

はやわかり となえことば

布を裁ち　衣をつくる　裁の文字

なりたち

裁は、𢦏と衣。衣服を作るとき、初めて布を裁つ（切る）ことをあらわした字だ。

𢦏は、戈に目印をつけた形で、「ことを始める」という意味をあらわす形なんだ。

布を裁って、衣服になるようにうまくさばくことから、「さばく」という意味にも使われる。

書き順　12画

一 十 土 … 裁 裁

ことばの例

裁き・本裁ち・裁断・裁縫・裁量・裁判・裁定・仲裁・体裁・独裁

訓よみ

策

音よみ　サク

むかしの漢字

はやわかり　となえことば

はかりごと　対策　政策　策の文字

なりたち

策は、竹（たけかんむり）と朿。

朿は、先のとがった標識の木の形。

それに竹を加えた策は、最初、馬をあやつるむちをあらわした。

その後、文字をしるす木の札をあらわすのにも使われて、それがやがて「はかりごと」という意味になった。

書き順　12画

ノ ⺈ 𠂉 𠂉ノ 𠂉⺈ ⺮ 竺 竻 笁 笧 筞 策

ことばの例

策略・策士・対策・政策・方策・画策・国策・善後策

訓よみ

音よみ

サツ・(サク)

むかしの漢字

はやわかり　となえことば

もとは木の柵(さく)
やがて書物(しょもつ)を
あらわした冊(さつ)

なりたち

冊(サツ)は、「一冊(さつ)、二冊(さつ)」と、書物(しょもつ)を数える単位(たんい)に使(つか)われる字。

でも、もともとの意味(いみ)は、木の柵(さく)だった。それが、書物(しょもつ)の意味(いみ)にまちがって使(つか)われたのだという。

文字を書いた札(ふだ)をならべてつづったむかしの書物(しょもつ)が、冊(サツ)の字の形と似(に)ていたからだ。

(むかしの書物(しょもつ)は、42ページの簡(かん)を見てね。)

書き順　5画

丨 冂 冂 冊 冊

ことばの例

冊子(さっし)・冊数(さっすう)・一冊(いっさつ)・別冊(べっさつ)・短冊(たんざく)

訓よみ　かいこ

音よみ　サン

むかしの漢字

（蠶）

はやわかり　となえことば

糸（いと）をとる
まゆつくる虫（むし）が蚕（かいこ）だよ

なりたち

蚕（かいこ・サン）とは、カイコのこと。むかしの漢字は、そのままの形だね。いまは天（てん）に虫（むし）と書く。

カイコは、糸をはいてまゆをつくる。そのまゆから絹糸（きぬいと）をとる。絹糸（きぬいと）から布（ぬの）を織（お）り、それが上等（じょうとう）な衣（ころも）になった。三千年以上（いじょう）もまえに、もう、そんなことがおこなわれていた。

絹（きぬ）は古くから、中国の特産品（とくさんひん）だった。

書き順　10画

一 二 チ 天 天 吞 吞 奞 蚕 蚕

ことばの例

蚕（かいこ）・蚕糸（さんし）・蚕業（さんぎょう）・養蚕（ようさん）

訓よみ　いた-る

音よみ　シ

むかしの漢字

はやわかり　となえことば

矢（や）をはなち　至（いた）ったところを　あらわす至（し）

なりたち

至（いた-る・シ）は、飛（と）んでいった矢が地面（じめん）につきささっている形の字。むかしの漢字を見てね。

古代中国（こだいちゅうごく）では、重要（じゅうよう）な建物（たてもの）を建（た）てるとき、矢をはなって、建（た）てる場所（ばしょ）を選（えら）んだのだという。至（シ）とは、その矢の至（いた）りついたところ。

❗室（しつ）は、矢が至（いた）ったところに建（た）てた、先祖（せんぞ）をまつる建物（たてもの）。（2年生）

書き順　6画

一 … 至

ことばの例

至（いた）れり尽（つ）くせり・至急（しきゅう）・至福（しふく）・至近（しきん）・至上（しじょう）・至難（しなん）・必至（ひっし）・夏至（げし）・冬至（とうじ）

訓よみ わたくし・わたし

音よみ シ

私

むかしの漢字

はやわかり となえことば

すき（ム）を持ち
いね（禾）を
育てる私です

なりたち

私は、禾（イネ）と厶をあわせた字。厶は、耕作の道具。

だから、私のもともとの意味は、田畑を耕して、作物を作る人のこと。それは、地主や領主に使われる立場の人だった。

私は、日本では、「わたし」の意味に使われた。

書き順 7画

ノ 二 千 禾 禾 私 私

ことばの例

私服・私物・私立・私鉄・私有地・私生活・私書箱・私利私欲・公私

訓よみ
すがた

音よみ
シ

姿

むかしの漢字

はやわかり となえことば

女の人がなげき悲しむ姿だよ

なりたち

姿は、次と女とに分けられる字。なげき悲しんでいる女の人のすがたからできた字だ。

次（）は、なげいてため息をつく人の形。

なげきうったえる女性のようすは、とても印象的だから、姿という字には、女があるのだろう。

書き順 9画

丶 冫 冫 冫 次 次 姿 姿 姿

ことばの例

姿見・後ろ姿・晴れ姿・姿勢・姿態・容姿・雄姿・勇姿

訓よみ

音よみ　シ

視

むかしの漢字

はやわかり　となえことば

神前で　じっと見つめる　形の視

なりたち

視は、ネ（示）と見。「じっとみる」という意味に使われる字だ。示（礻・ネ）は、神をまつるためのつくえ（祭卓）の形。視は、目には見えない神さまを、じっと見ようとする形。

書き順　11画

、　ラ　ネ　ネ　礻　礻丨　礻冂　礻日　礻目　礻見　視

ことばの例

視線・視力・視覚・視点・視野・近視・遠視・監視・直視・無視

音よみ シ

詞

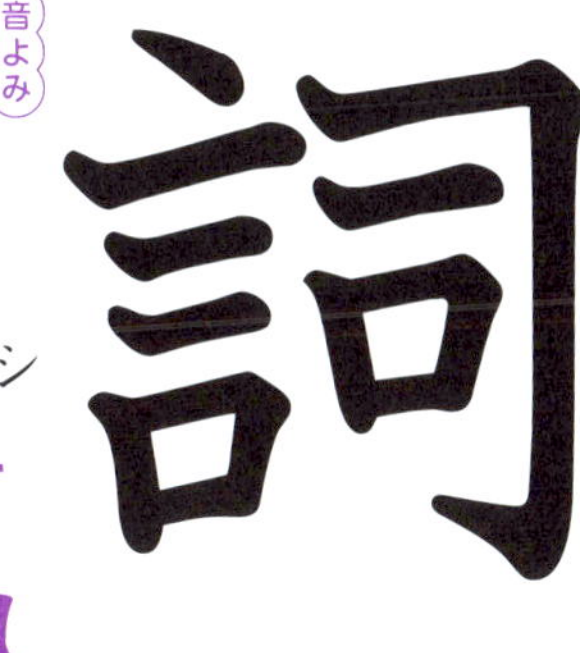

むかしの漢字

はやわかり　となえことば

ㅂ（サイ）にこめた
いのりの
ことばが
詞（し）の文字（もじ）だ

なりたち

「歌詞（かし）」や「作詞（さくし）」というように、詞（シ）は、ことばをあらわす字だ。

詞（シ）は、言（ごんべん）と司（シ）。司（シ）は、いのりのことばを入れた器（うつわ）のㅂ（サイ）（口）をひらく形。

だから、詞（シ）は最初（さいしょ）、神（かみ）さまに告（つ）げることば（祝詞（のりと））をあらわした。

書き順　12画

丶 亠 亍 亖 言 言 言 訁 訂 訶 詞 詞

ことばの例

歌詞（かし）・作詞（さくし）・名詞（めいし）・動詞（どうし）・形容詞（けいようし）

音よみ

誌

シ

むかしの漢字

はやわかり　となえことば

言と志で　文字を　しるしてのこす誌だ

なりたち

誌は、言（ごんべん）と志。志は、めざすところへ進もうとする気持ちをあらわした字。行きたい方向を心にしるすことだね。言（ごんべん）のついた誌は、ことばを書きしるすこと。

志は、前向きの足（𡳾）に心を加えた形の字。（5年生）

書き順　14画

丶 亠 亖 言 言 言 言 訁 訐 誌 誌 誌 誌 誌

ことばの例

誌面・雑誌・日誌・週刊誌・月刊誌

訓よみ

音よみ

磁

ジ

はやわかり　となえことば

くろっぽい
磁石をあらわす
磁の文字だ

なりたち

磁は、「磁石」の磁。石（いしへん）と兹の字だよ。

兹は、黒い糸たばの玄を二つならべた形で、ここでは、黒いものをあらわしている。

だから、磁は、黒っぽい鉄の原石をあらわす形。

書き順　14画

一 厂 不 石 石 石' 石'' 砂 砂 磁 磁 磁 磁 磁

ことばの例

磁石・磁針・磁気・磁力・陶磁器

はやわかり となえことば

もともとは 弓で矢を射る形の射

なりたち

射の、むかしの漢字を見てごらん。弓に矢をつがえて、手でひいている。射のもとの形は、弓と矢と手（又）だった。

それがいつしか、弓と矢のところが身の形になってしまったのだという。

寸は、手のはたらきをあらわす形。

書き順 10画

丿 亻 勹 户 自 身 身 身 射 射

ことばの例

射撃・発射・乱射・反射・放射線・直射日光・注射

なりたち

捨は、扌（てへん）と舎（舎）。

舎が、捨のもとの字なんだ。

舎は、大きなはりで、いのりのことばを入れた器の𠙵（口）をつきさし、いのりのききめをなくすことをあらわした字。

その舎に扌（てへん）をつけて、「捨てる」という字になった。

書き順 11画

一 十 扌 扌 扑 抖 拎 拎 捨 捨 捨

ことばの例

捨て身・捨て石・捨て犬・呼び捨て・四捨五入・取捨選択

尺

訓よみ

音よみ
シャク

むかしの漢字

はやわかり となえことば

手の指を
ひらいて
長さを
はかる尺

書き順
4画

ことばの例
尺度・尺八・巻き尺・縮尺率

なりたち

むかしは、体の部分を長さの単位に使った。一尺とは、最初、広げた手の、親指と中指のあいだの長さをいった。

尺は、絵のように手をいっぱいに広げて、下にむけた形からできた字。

そして寸は、指一本分のはばをいった。寸の十倍の長さが尺だ。


やがて尺は三十センチほどを、寸は三センチほどをあらわすようになった。

訓よみ　わか－い・（も－しくは）

音よみ　（ジャク）・（ニャク）

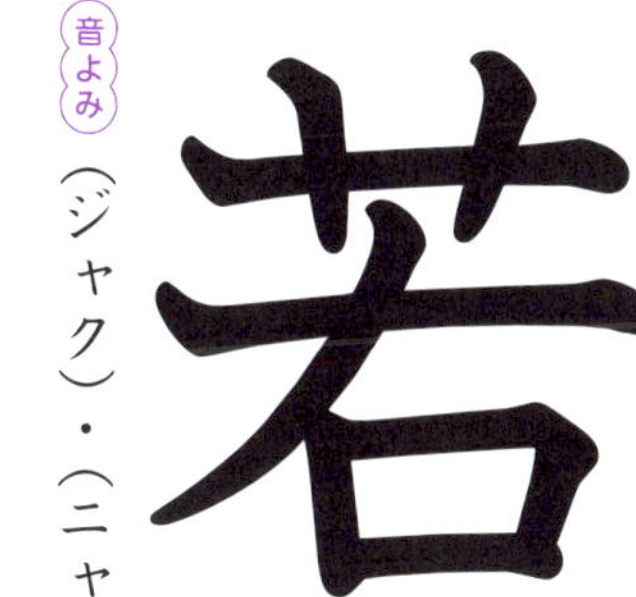

むかしの漢字

はやわかり　となえことば

両手をあげて　おどる女の　すがたが　若い

若は、わかい巫女さんが、一心不乱におどるようすからできた字。

むかしの漢字は、巫女が、両手をあげて、髪をふりみだして舞うすがただ。

それが時代とともに変化して、艹（くさかんむり）に右と書く字になり、やがて「わかい」という意味に使われるようになった。

書き順　8画

一　十　艹　……　若　若

ことばの例

若葉・若草・若者・若手・若年・若干・老若男女

樹

訓よみ

音よみ　ジュ

むかしの漢字

はやわかり　となえことば

たいこを打（う）って
わざわいはらって
樹（き）を
植（う）える

なりたち

樹（ジュ）は、木（きへん）と尌（ジュ）。
尌（ジュ）は、たいこ（壴（こ））を打（う）ち鳴らす形。
むかしの人は、たいこのひびきが邪（じゃ）
気（き）をはらってくれると考えていた。
樹（ジュ）は、たいこを打（う）ち鳴らしておこな
う植樹祭（しょくじゅさい）をあらわした字だ。

書き順　16画

ことばの例

樹木（じゅもく）・樹液（じゅえき）・樹海（じゅかい）・樹氷（じゅひょう）・樹立（じゅりつ）・
果樹（かじゅ）・大樹（たいじゅ）・広葉樹（こうようじゅ）・針葉樹（しんようじゅ）

収

訓よみ　おさ-める

音よみ　シュウ

むかしの漢字 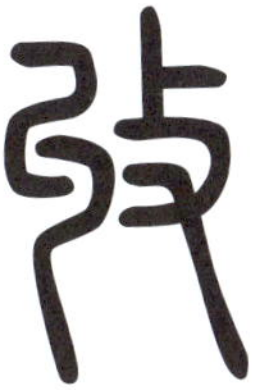
（收）

はやわかり　となえことば

きりっと
なわをなうように
ものをまとめて
収（おさ）めます

なりたち

収（おさ-める・シュウ）のもとの字は收で、丩（きゅう）と攵（ぼく）をあわせた形。

丩（きゅう）は、よりあわさったなわの形。攵（ぼく）は、ここでは、きりりとしめあげることをあらわしている。

だから收（シュウ）（収）は、きりっとなわをなうように、ものごとを収束（しゅうそく）することをあらわす字。「収束（しゅうそく）」とは、ものごとをまとめ、おさまりをつけることだ。

書き順　4画

丨 丩 収 収

ことばの例

収納（しゅうのう）・収拾（しゅうしゅう）・収入（しゅうにゅう）・収集（しゅうしゅう）・収穫（しゅうかく）・吸収（きゅうしゅう）・回収（かいしゅう）・押収（おうしゅう）・領収書（りょうしゅうしょ）

訓よみ

宗

音よみ

シュウ・（ソウ）

はやわかり　となえことば

示をおいて
先祖をまつる
お宮が宗

むかしの漢字

なりたち

宗（シュウ・ソウ）は、宀（うかんむり）と示。先祖をまつるお宮（宀）に、まつるためのつくえ（示）をおいた形だよ。

！むかしの漢字をくらべてみよう。

示　祭　宗　禁　社　神　福

書き順

8画

丶 丷 宀 宀 宁 宇 宗 宗

ことばの例

宗教（しゅうきょう）・宗派（しゅうは）・宗家（そうけ）・改宗（かいしゅう）・禅宗（ぜんしゅう）

訓よみ

就

（つ-く）

音よみ

シュウ・（ジュ）

むかしの漢字

はやわかり となえことば

城門の完成式をあらわす就

なりたち

就は、京と尤をあわせた字。

京は、都の城門の形なんだ。

尤は、たおれた犬。

都の城門ができあがったとき、いけにえの犬をささげ、完成の儀式（落成式）をする。それを就といった。

ことが成しとげられることを「成就」という。

書き順 12画

ことばの例

就職・就学・就任・就寝・成就

訓よみ

衆

音よみ

シュウ・（シュ）

むかしの漢字

はやわかり　となえことば

都市のなか　多くの人が住む衆だ

なりたち

衆の、むかしの漢字を見てごらん。上の部分は、城壁にかこまれた都市。下にならぶ人（亻）は、そこに集まる多くの人びと。漢字ではよく、同じ形を三つ書いて、「たくさんある（いる）」ことをあらわすよ。

衆は、都市にたくさんの人がいることをあらわす形。「大衆」の衆だ。

書き順　12画

ことばの例

衆知・衆人・衆議院・衆生・大衆・観衆・群衆・民衆・公衆・聴衆

訓よみ したが-う

従

音よみ ジュウ・(ジュ)(ショウ)

むかしの漢字

(從)

はやわかり となえことば

道を行く人の後ろに人が従い

なりたち

従の、もとの字は從。从(从)と辵(辵)からなる字だ。従(從)は、人の後ろに人がつきしたがって、道を行く形の字。むかしの漢字を見ると、もっとよくわかるよ。だから、従は、人に「したがう」ことをあらわした字だ。

!旅のむかしの漢字にも、从がある。

書き順 10画

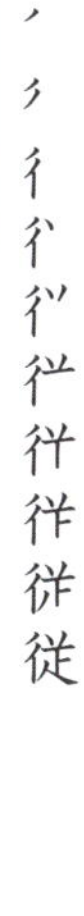

ノ ク 彳 彳' 彳'' 彳半 彳羊 徉 従 従

ことばの例

従順・従軍・従業員・従事・従来・主従・服従・専従・追従(ついしょう)

訓よみ　たて

縦

音よみ　ジュウ

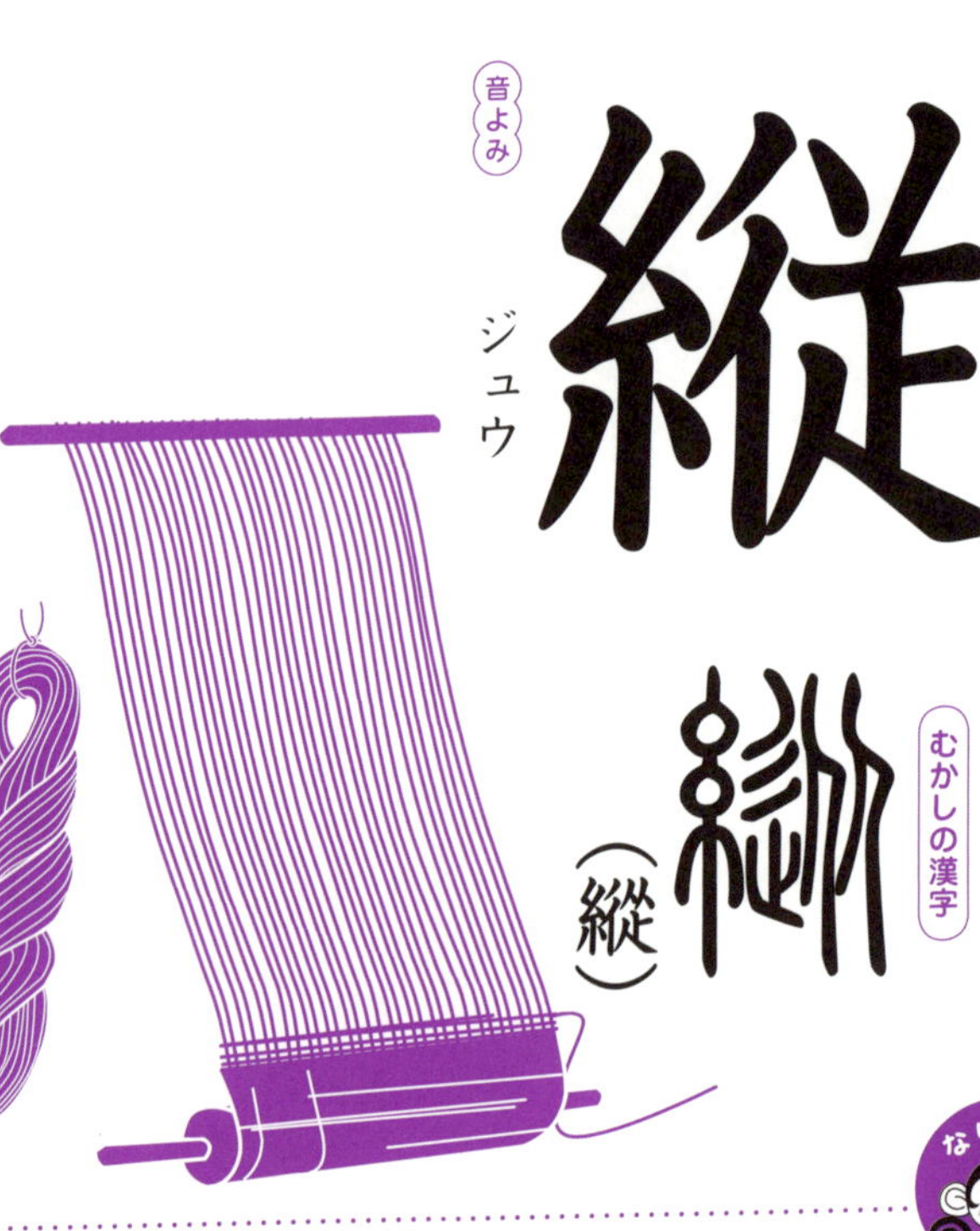

むかしの漢字

（縱）

はやわかり　となえことば

糸と従　たてよこの縦をあらわす字

なりたち

縦は、たて・よこの「たて」。糸（いとへん）と従の字だ。
もともとは、ゆるく張った機織りの「たて糸」をあらわした。だから糸（いとへん）の字なんだね。
従は、人が、前と後ろのたてならびに歩いていく形。

❗ぴんと張ったたて糸をあらわした字は、経。（5年生）

書き順　16画

縦

ことばの例

縦糸・縦書き・縦笛・縦割り・縦断・縦列・縦走・縦横無尽

訓よみ　ちぢ-む・ちぢ-れる

縮

音よみ　シュク

むかしの漢字

はやわかり　となえことば

のびちぢみ
縮む（ちぢむ）という字（じ）は
糸（いと）と宿（しゅく）

なりたち

縮（ちぢ-む・シュク）は、「ちぢむ」という意味（いみ）の字。

糸（いとへん）と宿（シュク）だよ。

布（ぬの）が縮（ちぢ）むことや、布（ぬの）を糸でぬいあわせることをあらわした字だという。

宿（シュク）は、ここでは、シュクという音（おん）をあらわすだけの役目（やくめ）。


！宿（しゅく）は、たてもの（宀）のなかに人（ひと）がねている形。「宿直（しゅくちょく）」の宿（しゅく）だ。（3年生）

書き順　17画

ことばの例

伸（の）び縮（ちぢ）み・縮小（しゅくしょう）・縮図（しゅくず）・縮尺（しゅくしゃく）・濃縮（のうしゅく）・
圧縮（あっしゅく）・収縮（しゅうしゅく）・短縮（たんしゅく）・軍縮（ぐんしゅく）・恐縮（きょうしゅく）

訓よみ（うーれる）

音よみ　ジュク

熟

はやわかり　となえことば

火（灬）にかけて　しっかりにること　熟の文字

なりたち

熟は、孰と灬（よってん）。孰のむかしの漢字は〔古字〕。これは、人が、なべで羊の肉を煮ているところなんだ。孰の下に火（灬）を加えた熟は、「よく煮ること」をあらわした字。そこから、果物などが「熟す」「熟れる」という意味に使われるようになった。

書き順　15画

、 亠 亡 亩 亩 亨 享 享 享 孰 孰 孰 熟

ことばの例

熟成・熟知・熟読・熟語・熟睡・完熟・成熟・半熟・未熟・早熟

純

訓よみ

音よみ ジュン

むかしの漢字

はやわかり　となえことば

もともとは
織物のへりの
かざりが純

なりたち

純は、糸（いとへん）と屯。むかしの漢字の𠁥が屯で、これは、織物のふさかざり。へりの糸を、ほつれないように結んだ形だ。

屯は、ふさかざりのほかに、「純粋」（まじりけがない）という意味にも使われたのだという。それがいまの純の意味になった。

書き順

10画

く ㄠ 幺 糸 糸 糸 紅 紅 紅 純

ことばの例

純白・純毛・純情・純粋・純金・単純・不純・清純

処

訓よみ
音よみ　シヨ

はやわかり　となえことば

処の文字は
こしかけ（几）にすわっているところ

なりたち

処の、もとの字は處。むずかしい字に見えるね。絵を見てみよう。虎に扮装した人が、いす（几）にこしかけている。戦勝をいのっておこなう劇を演じる人だ。
處（処）は、そのすわっている「ところ」や、そこに「おる（いる）」ことをあらわした字。

書き順
ノクタ夂処　5画

ことばの例
処理・処分・処置・処方・処女作・対処・善処

訓よみ

音よみ　ショ

署

はやわかり　となえことば

門のそば守衛のあつまるところが署

なりたち

署は、「消防署」や「警察署」の署。罒に者と書く字だ。
署のもともとの意味は、城門の近くにおいた、守衛さんの詰め所。
者は、音をあらわす部分。（シャがショに変わったんだ。）

❗者は、城壁や土手に守り札をうめることをあらわす字。（3年生）

書き順　13画

ことばの例

署名・署長・署員・部署・警察署・消防署・税務署・自署

訓よみ

音よみ シヨ

諸

むかしの漢字

はやわかり となえことば

あれこれと 多く(おお)あることあらわす諸(しょ)

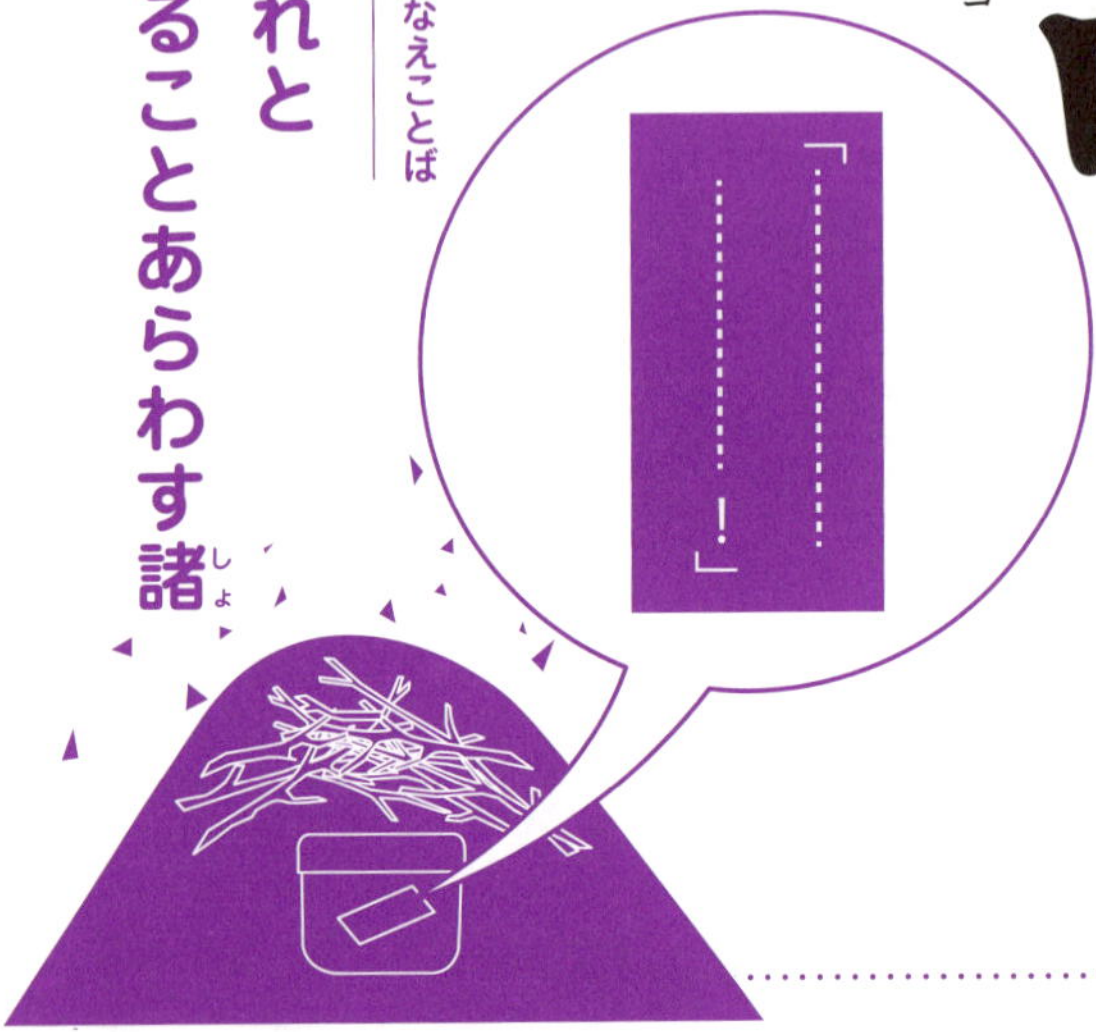

なりたち

諸(ショ)は、言(ごんべん)と者(シャ)。者(シャ)は、都市(とし)をかこむ城壁(じょうへき)や土手の要(よう)所(しょ)要所に、まよけのお札(ふだ)をうめることをあらわす字。そうやって、外から悪(わる)いものが入りこむのを防(ふせ)いだ。者(シャ)に言(ごんべん)のついた諸(ショ)は、お札(ふだ)に書いた、いくつものまじないのことばをあらわした字。

そこから、諸(ショ)は、「もろもろ」(あれこれ多くあること)という意味(いみ)になったのだろう。

書き順 15画

、 亠 亖 言 言 言 計 計 計 詊 詊 諸 諸 諸 諸

ことばの例

諸国(しょこく)・諸君(しょくん)・諸説(しょせつ)・諸島(しょとう)・諸問題(しょもんだい)

除

訓よみ のぞ-く

音よみ ジョ・（ジ）

むかしの漢字 𨹃

はやわかり となえことば
はしご（阝）の前 はりで邪気をとり除く

なりたち
除は、「とりのぞく」という意味の字。阝（こざとへん）と余だよ。

阝（𨸏）は、神聖な場所に立つはしご。古代の人は、天の神がそのはしごをのぼりおりすると考えた。

余は、とってのついた大きなはり。このはりを地につきさして、地中にひそむ魔物をはらった。

除は、神聖な地の邪気をとり除くまじないをあらわした字。

書き順 10画
阝 阝 阝 阝 阝 阾 阾 除 除 除

ことばの例
除外・除去・除雪・除草・除夜・解除・切除・排除・加減乗除・掃除

おもしろい漢字の話

体をあらわす月（にくづき）

月は月でも、この月は、肉からできた「にくづき」。あわせ漢字のなかで使われる形だ。「にくづき」は、体の部分や臓器（ぞうき）をあらわす漢字に使われている。六年生の漢字には、にくづきをもつ文字が多くあるよ。

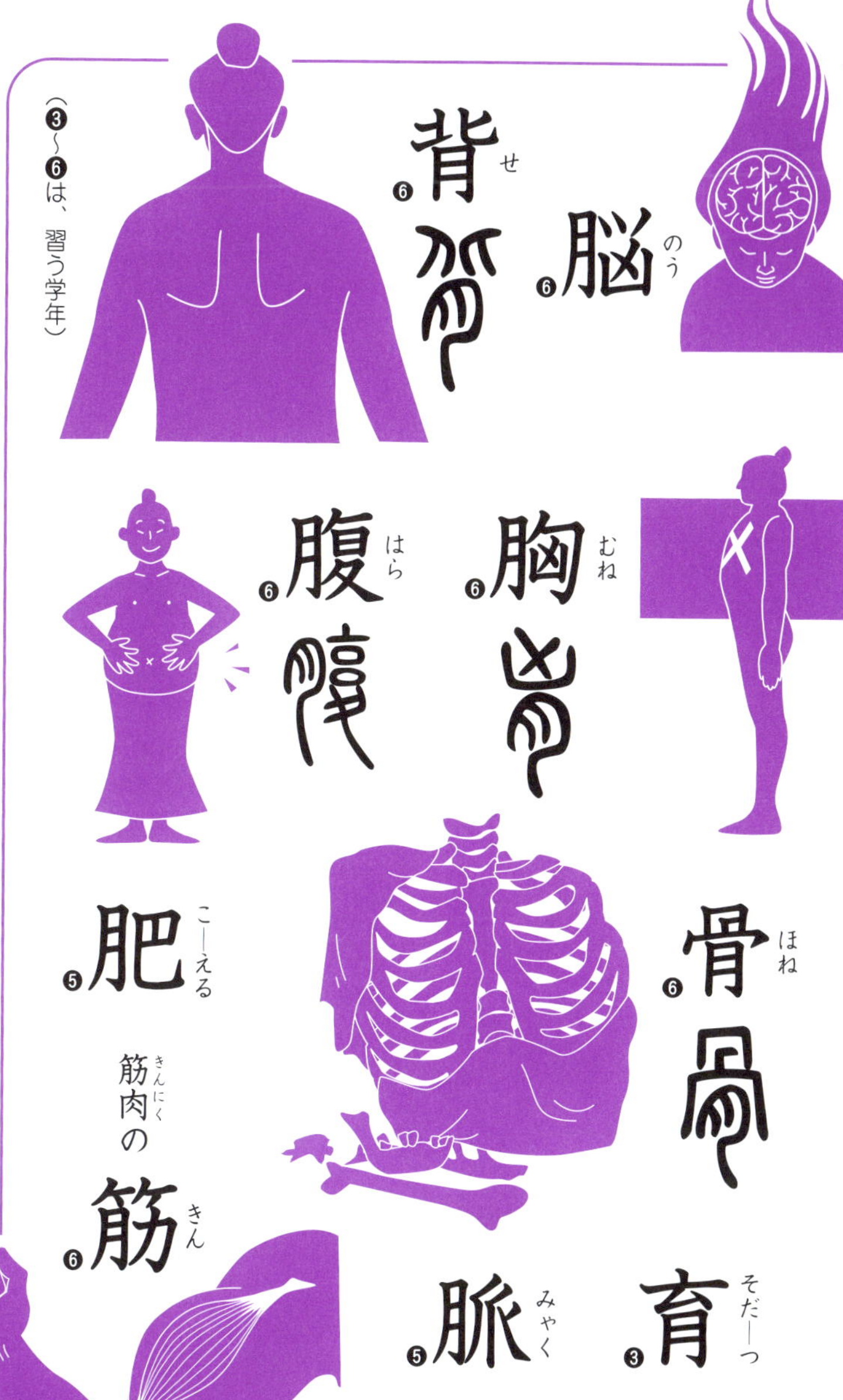
（❸～❻は、習う学年）
❻背 せ
❻脳 のう
❻腹 はら
❻胸 むね
❺肥 こ―える
❻骨 ほね
筋肉の
❻筋 きん
❺脈 みゃく
❸育 そだ―つ

訓よみ
（うけたまわ-る）

承

音よみ
ショウ

はやわかり　となえことば

承（しょう）の字（じ）は
人（ひと）を両手（りょうて）で
ささげる形（かたち）

むかしの漢字

なりたち

承（ショウ）の、むかしの漢字を見てごらん。ひざまずいている人（　）を、両（りょう）手（て）（　）でささげあげているよ。この人は尊（とうと）い人なんだ。承（ショウ）のもともとの意味（いみ）は、尊（とうと）い人の言うことをつつしんで聞くこと。それを「うけたまわる」という。

書き順　8画

ことばの例

承知（しょうち）・承服（しょうふく）・承認（しょうにん）・承諾（しょうだく）・伝承（でんしょう）・継承（けいしょう）・了承（りょうしょう）・不承不承（ふしょうぶしょう）

将

訓よみ

音よみ ショウ

むかしの漢字 (将)

はやわかり となえことば

肉をそなえて軍をひきいる将軍の将

なりたち

古代の軍隊は、先祖に肉をそなえて、勝利をいのりながら戦った。その祭肉をあつかえるのは、司令官だけだった。

将は、その将軍をあらわした字。もとの字は將で、分けると、爿(おそなえをするつくえ)と、夕(肉)と寸(手)。祭肉をそなえる形で、将軍をあらわしたんだね。

書き順 10画

丨 丬 丬 丬 丬 丬 丬 丬 将 将

ことばの例

将軍・将来・将棋・主将・武将

傷

訓よみ　きず・（いた-む）

音よみ　ショウ

むかしの漢字

はやわかり　となえことば

玉の力や
人の力を
そこなう　傷

なりたち

かがやく宝玉には特別な力があって、パワーをあたえてくれるものだと、古代の人は考えていた。

台においた玉の光をあらわしたのが、昜。（陽のつくりだ。）

傷の字の昜は、昜におおい（𠂉）をかけている形。玉のもつ力を妨害しているんだ。

昜に亻（にんべん）をつけた傷は、人のたましいの力が傷つけられること。

書き順　13画

ノ　亻　[illegible]　傷　傷　傷

ことばの例

傷口・傷物・切り傷・傷害・傷心・負傷・重傷・感傷・中傷

訓よみ （さわ-る）

音よみ ショウ

障

むかしの漢字

はやわかり となえことば

阝（こざとへん）

聖地を守り へだてる障

なりたち

障（さわ-る・ショウ）は、神聖な場所を仕切りでへだてて、守ることをあらわした字。

阝（阜）（こざとへん）は、神聖な場所に立つはしご。古代の人は、そのはしごを使って、天の神がのぼりおりすると考えた。

章（ショウ）は、ここでは、音をあらわす役目。

「障子」も、もともとは、へやに仕切りをつくるためのものだった。

書き順

14画

ことばの例

目障り・耳障り・当たり障り・障害・障子・障壁・保障・支障・故障

訓よみ　（むーす）・（むーれる）

音よみ　ジョウ

むかしの漢字

はやわかり　となえことば

さいしょはおがら
いまは蒸すこと
あらわす蒸

なりたち

蒸は、もともとは、植物の麻のくき、（おがら）をあらわした。麻のくきを蒸気で蒸して皮をはぎとり、その皮を麻糸にする。くきの芯の部分は、「おがら」といわれる。おがらは、束ねてたいまつにした。

麻からとったおがらをあらわした字だから、蒸は艹（くさかんむり）なんだね。皮をはぐときに蒸したので、「むす」という意味になった。

書き順　13画

一 十 卄 艹 … 蒸

ことばの例

蒸し暑い・蒸し器・蒸し焼き・蒸発・蒸留水・水蒸気

針

訓よみ　はり

音よみ　シン

むかしの漢字　鍼（鍼）

はやわかり　となえことば

もともとは
ぬい針あらわす
針の文字

なりたち

針は、金（かねへん）と十。もともとは、鍼と書いた。鍼はいまでは、鍼灸治療の「はり」に使われる字だ。

針は、ぬいばりをあらわすよ。

金属でできているから金（かねへん）。

十は、ここでは、立てたはりに印をつけた形。

書き順　10画

ノ 𠆢 今 今 全 全 金 金 釒 針

ことばの例

針金・釣り針・針路・秒針・検針・方針・指針

訓よみ

仁

音よみ

ジン・（ニ）

はやわかり　となえことば

しきものを
人にすすめる
仁の文字

むかしの漢字

なりたち

仁は、人（亻）と二をあわせた字。むかしの漢字は、人が、ざぶとん（二）にすわっている形。ゆったりとなごんでいるんだ。

だれかが「どうぞ」と、ざぶとんをすすめたんだね。やがて仁は、「いつくしむ」とか「思いやり」という意味に使われるようになった。

書き順

ノ　亻　亻　仁

4画

ことばの例

仁義・仁愛・仁徳・仁術・仁王像

訓よみ

垂

たーれる

音よみ

スイ

むかしの漢字

はやわかり となえことば

花や葉が
土にとどくほど
垂れさがる

なりたち

垂は、下に「たれる」という意味の字だ。絵と、むかしの漢字を見れば、なりたちがわかる。

植物の葉が、土にとどくほどに垂れ下がっている。垂の字の下の部分は、土だったんだね。

！「睡眠」の睡は、目＋垂。ねむくなると、まぶたが垂れ下がるからだろう。

書き順 8画

一 二 三 ≡ 乒 垂 垂 垂

ことばの例

垂れ幕・雨垂れ・垂直・懸垂・胃下垂

訓よみ（おーす）

音よみ スイ

推

むかしの漢字

はやわかり となえことば

隹は鳥　鳥でうらない　推測をする

なりたち

推は、扌（てへん）と隹（ふるとり）。

隹は、鳥のすがただよ。

古代の人びとは、鳥を使って、さまざまなことをうらなった。

推は、鳥うらないで推しはかる（推測する）ことをあらわした字。また、それによって、ものごとをおし進める（推進する）こともあらわす。


❗進・集・観・護・難にも隹があるよ。

書き順 11画

一 才 扌 扌 扌 扌 扌 扌 推 推 推

ことばの例

推理・推測・推計・推定・推薦・推進・類推・邪推

訓よみ

音よみ　スン

むかしの漢字

はやわかり　となえことば

もともとは
指一本のはばが寸

なりたち

寸は、長さの単位に使われた字。右手の又（又）に一を加えた形だ。一寸とは、最初、指のはば一本分の長さをいった。それに対して、尺は、手の指を開いた形で、寸の十倍の長さ。

！寸も、又と同じように、あわせ漢字のなかでは、手のはたらきをあらわす。寺、対、導、団、射（94ページ）、将（115ページ）、専（129ページ）などだ。

書き順　3画

一　十　寸

ことばの例

寸前・寸劇・寸分・寸秒・寸法・一寸・原寸

もーる・（さかーん）
（さかーる）

盛

おんよみ
（セイ）・（ジョウ）

むかしの漢字

はやわかり となえことば

お皿（さら）に
おそなえ
たんと盛（も）る

なりたち

盛（もーる・セイ）は、成（セイ）と皿（さら）。こくもつのキビを器（うつわ）（皿（さら））に盛（も）ることをあらわした字。

キビをたっぷり盛（も）って、おそなえにしたんだ。

そこから盛（セイ）は、「多いこと」や「さかん」という意味（いみ）にも使（つか）われるようになった。

成（セイ）は、ここでは、セイという音（おん）をあらわす役目（やくめ）。

書き順 11画

丿 厂 𠂆 成 成 成 成 成 盛 盛 盛

ことばの例

山盛（やまも）り・目盛（めも）り・盛（さか）り場（ば）・花盛（はなざか）り・盛大（せいだい）・盛夏（せいか）・盛況（せいきょう）・全盛期（ぜんせいき）・繁盛（はんじょう）

訓よみ

聖

音よみ

セイ

むかしの漢字

はやわかり　となえことば

耳がよく　お告げを　ききとる人が聖人

なりたち

聖の最初の形は□で、耳を大きくかいた人のすがた。神の声を聞くことのできる聖者をあらわしている。

□は、□→□→聖→聖と、形を変えた。

いまは、耳と口と王の字だ。

口は、いのりのことばを入れる器の□。王は、もとは壬で、つまさき立つ人のすがた。

書き順

13画

一 丅 F F E 耳 耵 耶 耶 聖 聖 聖 聖

ことばの例

聖人・聖火・聖歌・聖書・聖典・聖域・楽聖・神聖

誠

音よみ　セイ

訓よみ　（まこと）

むかしの漢字

はやわかり　となえことば

誠実なちかいをあらわす誠の文字

なりたち

誠は、言（ごんべん）と成。言のもともとの意味は、ちかいのことば。「約束をやぶったら、刑罰をうけます」と言ってちかうことだ。成は、成しとげることをあらわす。誠のもともとの意味は、うそやごまかしのない心でちかうこと。そして、そのちかいが成しとげられること。

書き順　13画

丶 亠 亖 言 言 言 訁 訂 訢 誠 誠 誠 誠

ことばの例

誠実・誠意・誠心誠意・丹誠・忠誠

訓よみ　した

音よみ　（ゼツ）

はやわかり　となえことば

舌の字は
口からベロが出ている形

なりたち

舌とは、口のなかのあるべろのこと。人間だけでなく、動物や虫にもある。舌の、むかしの漢字を見てごらん。口からべろが出ているよ。先のほうが分かれているのは、すばやく動くヘビなんかの舌をあらわしたのかもしれない。

！話や活の字にある舌は、もとは𠯑の形で、舌とはべつのなりたち。（2年生）

書き順　6画

ノ　二　千　千　舌　舌

ことばの例

舌打ち・舌先・舌足らず・巻き舌・毒舌・弁舌・筆舌

訓よみ

音よみ

宣

セン

むかしの漢字

はやわかり　となえことば

宣室に　王の宣言　ゆきわたる

なりたち

宣は、王が、「宣室」という部屋で宣言することをあらわした字。

むかしの漢字は、お宮（宀）のなかに、ぐるっと部屋をかいた形だよ。宣室のすみずみにまで、王の宣言がゆきわたることをあらわしているのだろう。

書き順

丶 丷 宀 宀 宁 宁 宜 宣 宣

9画

ことばの例

宣伝・宣言・宣告・宣戦・宣教師・選手宣誓

訓よみ （もっぱら）

専

音よみ セン

むかしの漢字 （專）

はやわかり となえことば

手(寸)でこねて 打って まるめる 形が専

なりたち

専は、ふくろのなかにものを入れて、手（寸）で打ち固めることをあらわす形。うどんやパンの生地を手でこねて、丸めるようなことだ。

いっしょうけんめいに打ち固めることから、「もっぱら」（ひとつのことに打ちこむこと）という意味になった。

専の、もとの字は專。

！団（團）や転（轉）にも、もとは專の形があった。

書き順 9画

一 丆 戸 戸 亘 亩 重 専 専

ことばの例

専門・専用・専科・専念・専業

訓よみ
泉
いずみ

音よみ
セン

むかしの漢字

はやわかり となえことば
がけから水が流れおちてる泉だよ

なりたち
泉の、むかしの漢字を見てごらん。山のがけから、水が流れでている。泉は、水のわきでる水源をあらわした字。「いずみ」だね。

！原・源も、水源をあらわす形。（64ページ）

書き順
9画

ことばの例
泉水・温泉・源泉・鉱泉

訓よみ　あら-う

音よみ　セン

むかしの漢字

はやわかり　となえことば

旅(たび)から帰(かえ)って
足(あし)をきれいに
洗(あら)います

なりたち

むかしは、けがれをはらった。旅(たび)から帰(かえ)ると足を洗(あら)って、それをあらわした字だ。洗(あら-う・セン)は、氵（さんずい）と先(セン)で、洗(セン)。先(セン)は、未知(みち)の地に旅(たび)をすること。危険(きけん)をかくごして、先だって行く人だ。そして、洗(セン)は、旅(たび)から帰(かえ)って足を洗(あら)うこと。

書き順　9画

、 ⺀ 氵 氵 汁 汁 泩 洗 洗

ことばの例

手洗(てあら)い・水洗(みずあら)い・洗顔(せんがん)・洗濯(せんたく)・洗面所(せんめんじょ)・洗練(せんれん)・洗礼(せんれい)・水洗(すいせん)

染

訓よみ　そ－める・（し－みる）（し－み）

おんよみ　（セン）

むかしの漢字

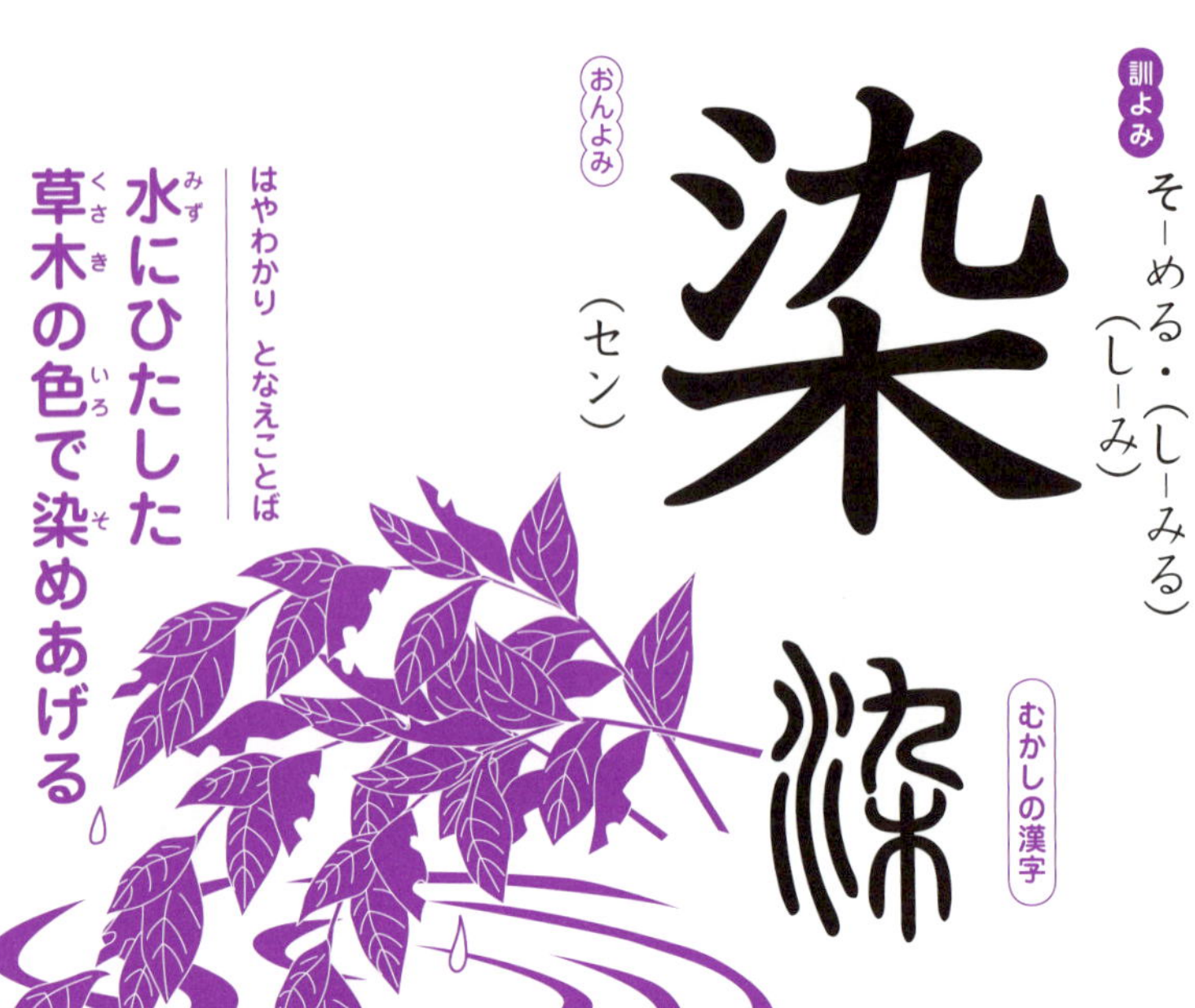

はやわかり　となえことば

水にひたした
草木の色で染めあげる

なりたち

草花や木を使って、糸や布をいろいろな色に染めあげる。染は、それをあらわした字だ。

染は、氵（さんずい）と朵。朵は、花や枝葉がしだれている形。植物を水につけて色を出すから、氵（さんずい）があるんだね。

書き順　9画

丶　丶丶　氵　氿　氿　氿　杂　染　染

ことばの例

染め物・草木染め・染みぬき・染料・染色・染織・感染・伝染・汚染

訓よみ （ぜに）

銭

音よみ セン

はやわかり となえことば

農具(のうぐ)の形(かたち)がお金(かね)になった銭(せん)の文字(もじ)

むかしの漢字 （錢）

なりたち

銭(セン)は、いま、お金をあらわす字だけど、さいしょは農具(のうぐ)をあらわした。絵を見てごらん。畑(はたけ)の土や雑草(ざっそう)をけずりとる道具(どう ぐ)だよ。

むかし、中国で、この形のお金がつくられたのだという。それで銭(セン)は、お金をあらわすようになったんだ。

銭(セン)の、もとの字は錢。

戔(セン)は、うすいものを積(つ)み重(かさ)ねた形。

書き順 14画

ことばの例

小銭(こぜに)・日銭(ひぜに)・銭湯(せんとう)・金銭(きんせん)・五十銭(ごじっせん)

訓よみ　よーい
音よみ　ゼン

善

むかしの漢字
（譱）

はやわかり　となえことば

羊をささげた　古代の裁判　善の文字

なりたち

善の、もとの字は譱。分けると、羊と言と言になる。

古代の裁判で、ちかい（言）をたてた原告と被告が、ささげもの（羊）をして、裁きをうける形なんだ。そのようにして、どちらが正しいかをきめた。

そこから善は、「よい」「正しい」という意味に使われるようになった。

書き順　12画

丶 丷 䒑 䒑 䒑 羊 羊 羊 盖 羔 善 善

ことばの例

善し悪し・善悪・善意・善人・善良・善戦・改善・最善・親善

訓よみ

奏

（かな-でる）

音よみ

ソウ

むかしの漢字

はやわかり　となえことば

天にむかって
楽器をかなでる
奏の文字

なりたち

奏は、「演奏」の奏。

もともとは、神にささげる音楽や舞い（おどり）をあらわした。

むかしの漢字を見てごらん。雅楽に使う笙に似た楽器をかなでている形だよ。

は両手。

奏は、音楽を「かなでること」や、尊い人に「申し上げる」という意味に使われる字。

書き順　9画

一　二　三　声　夫　夫　奏　奏　奏

ことばの例

奏楽・奏上・奏功・演奏・合奏・独奏・吹奏楽

訓よみ
まど

窓

音よみ
ソウ

むかしの漢字

はやわかり　となえことば

もともとは天窓のこと 窓の文字

なりたち

むかしから人びとは、がけに穴をほって住居をつくった。そこにつくった「天まど」をあらわしたのが、窓。

むかしの漢字には、[古字]や[古字]の形もある。あとから心が加わって、いまの窓の字になった。

書き順
11画

ことばの例
窓口・窓辺・窓際・天窓・出窓・車窓・同窓会

訓よみ　つくる

音よみ　ソウ

創

むかしの漢字

はやわかり　となえことば

**もともとは
刀きずのこと
創の文字**

なりたち

創のもともとの意味は、「刃物でうけたきず」。

だから、刂（刀）がある字なんだね。

倉は、音をあらわす部分。

創はやがて、「ものごとを始める」「つくりだす」とかいう意味にも使われるようになった。

書き順　12画

ことばの例

創作・創造・創立・創業・創刊・創始者・創意工夫・独創・銃創

訓よみ

装

（よそおーう）

音よみ

ソウ・（ショウ）

むかしの漢字

はやわかり　となえことば

さまざまな
衣装で身じたく
装うよ

なりたち

装は、壮と衣。「よそおう」（身なりを美しく整える）という意味の字だ。

だから、着るものをあらわす衣があるる。壮は、ここでは、ソウという音をあらわす部分。

むかし、旅じたくすることを「装束」といった。いまは、身なりを整えることや、その着物をいう。

書き順

12画

丨 丬 丬 丬一 壮 壮 壮 壮 壮 装 装 装

ことばの例

装い・装置・装備・装丁・装束・衣装・仮装・変装・改装・新装

訓よみ

層

音よみ

ソウ

はやわかり となえことば

一層、二層と
かさなることを
あらわす層

むかしの漢字

なりたち

層は、上に重ねるようにして造られた建物をあらわした字。

いくつもの層が重なることを「重層」という。

層は、尸（しかばね）と曽（曾）。尸は、ここでは、建物の屋根をあらわしている。

曽（曾）は、なべに蒸し器を重ねた形で、重なるという意味をあらわしている。

書き順

14画

一 ＝ 尸 尸 尸 尸 屈 屈 屈 届 屛 層 層 層

ことばの例

層雲・地層・高層・断層・階層

訓よみ （あやつ-る）・（みさお）

操

音よみ ソウ

むかしの漢字

はやわかり となえことば

多く（おお）の𠙵（サイ）
木（き）にむすびつけて
手（て）で操る（あやつ）

なりたち

操（あやつ-る・ソウ）は、扌（てへん）と喿（ソウ）。
喿（ソウ）は、多くの𠙵（サイ）（口）を木（き）にとりつける形。
それを手（扌）であやつって、一心にいのるのが操（ソウ）。
そこから「あやつる」（操作（そうさ）する）という意味（いみ）になった。

書き順 16画

ことばの例

操り人形（あやつりにんぎょう）・操作（そうさ）・操縦（そうじゅう）・操業（そうぎょう）・節操（せっそう）・体操（たいそう）・情操（じょうそう）

訓よみ

（くら）

音よみ

ゾウ

はやわかり　となえことば

臣（しん）の字（じ）が
かくれて
いるよ
蔵（くら）のなか

むかしの漢字

なりたち

蔵（くら・ゾウ）のもともとの意味（いみ）は、かくすこと。でも、蔵（ゾウ）の形がなぜ「かくす」という意味（いみ）だったのかは、よくわかっていない。

けらい（臣（しん））が、逃（に）げて、草（艹・艸）のあいだにかくれている形かもしれないともいう。

蔵（ゾウ）はいまは、ものをたくわえておく「くら」をあらわす。

書き順　15画

艹 产 芦 芦 芦 芦 芦 芦 芦 芦 蔵 蔵 蔵

ことばの例

穴蔵（あなぐら）・蔵造（くらづく）り・蔵書（ぞうしょ）・内蔵（ないぞう）・冷蔵庫（れいぞうこ）・土蔵（どぞう）・貯蔵（ちょぞう）・愛蔵（あいぞう）・地蔵（じぞう）・無尽蔵（むじんぞう）

訓よみ

音よみ

ゾウ

はやわかり　となえことば

体のなかで
はたらいている内臓だ

なりたち

臓は、「内臓」の臓。月（にくづき）と蔵とに分けられる字だ。月（にくづき）は、体の部分をあらわす部首。蔵のもともとの意味は、かくすこと。内臓は、体のなかにかくれているからだね。

書き順　19画

月 肝 肝 肝 肝 肝 肝 肝 肝 肝 肝 肝 肝 肝 肝 臓 臓 臓 臓

ことばの例

臓器・臓物・内臓・心臓・肝臓・肺臓・五臓六腑

訓よみ

存

音よみ　ソン・ゾン

むかしの漢字

はやわかり　となえことば

子どものいのちが守られている生存の存

なりたち

存は、才と子をあわせた形。才は、聖地に立てた目印の木の形。そこに子をおいた形が、存。子どもの生存が守られる儀式をあらわしている。存は、「ある」（存在している）という意味の字だ。

！「存在」の在は、才と士。聖器のまさかり（士）で聖地を守る形。（5年生）

書き順　6画

一 ナ 才 存 存 存

ことばの例

存在・存亡・存続・存命・存分・生存・共存・温存・保存・異存

とうと-い・とうと-ぶ
たっと-い・たっと-ぶ

おんよみ

ソン

尊

むかしの漢字

（尊）

はやわかり となえことば

酒（さか）だるを手（て）（寸）で ささげもつ 尊（そん）の文字（もじ）

なりたち

尊（とうと-い・ソン）の、もとの字は尊。

むかしの漢字は、酒（さか）だる（酉・酉）を両手（りょうて）（廾）でささげもつ形。

この酒（さけ）は神（かみ）にささげるものだったので、尊（ソン）は、「とうとい」という意味（いみ）になったのだろう。

寸（すん）は、手のはたらきをあらわす形。

書き順 12画

、 丷 䒑 产 产 酋 酋 酋 酋 尊 尊

ことばの例

尊敬（そんけい）・尊重（そんちょう）・尊厳（そんげん）・自尊心（じそんしん）・本尊（ほんぞん）

タナ

音よみが「タ行」「ナ行」の漢字

退

訓よみ　しりぞ-く

音よみ　タイ

はやわかり　となえことば

おそなえを下げることからできた退

むかしの漢字

なりたち

退（しりぞ-く・タイ）は、祭りのおそなえをとり下げることからできた字だ。

むかしの漢字では、日がおそなえの器で、夂（夂）が、後ろむきの足の形。辶（しんにょう）は「道を行く」という意味をあらわす形。ここでは、あとずさりすることをあらわすよ。

やがて退は、「しりぞく（後ろへ下がる）」という意味に使われるようになった。

書き順　9画

ことばの例

退場・退散・退治・退路・退化・退院・引退・後退・辞退・進退

訓よみ

宅

音よみ
タク

むかしの漢字

はやわかり　となえことば

もともとは
お宮に
いること
いまは住む家
あらわす宅

なりたち

宅は、先祖をまつるお宮で、先祖の霊といっしょにいることをあらわした字。宀（うかんむり）が、お宮をあらわしている。

乇（乇）は、草のつるがものによりかかる形で、ここでは音をあらわす部分。

だから、宅は、先祖に守られて安心してくらす、その家ということだね。

書き順　6画
丶 宀 宀 宀 宀 宅

ことばの例
宅地・宅配便・自宅・住宅・帰宅

担

音よみ　タン

訓よみ　（かつ－ぐ）・（にな－う）

むかしの漢字　擔（儋）

はやわかり　となえことば

分担し
荷物を担いで
仕事を担う

なりたち

担のもとの字は擔（儋）で、「ものをかつぐ」という意味に使われた字だという。

担は、その擔をかんたんに書いた略字だ。それで、担には、「かつぐ」「になう」という意味がある。

担は、扌（てへん）と旦。

書き順

一 扌 扌 扌 扣 扣 担 担

8画

ことばの例

験担ぎ・担い手・担当・担任・担保・分担・負担・加担

訓よみ　さが-す・（さぐ-る）

探

音よみ　タン

はやわかり　となえことば

穴のなか
手探りしながら
探検だ

むかしの漢字

なりたち

探は、「さぐる」という意味の字だ。「探検」の探だよ。
罙は、手（又）に火（火）をかざして、洞窟（冂・穴）を探検することをあらわす形。
罙に、もうひとつ手（扌）を加えて、探の字になった。

❗深は、氵（さんずい）と罙で、深い水をさぐること。（3年生）

書き順　11画

一 †‡扌扌扩扩押挪挪探

ことばの例

手探り・探検・探求・探究・探知・探査・探訪

訓よみ

音よみ　タン

むかしの漢字

はやわかり　となえことば

言に
延の字かいて
誕生の誕

なりたち

誕は、言（ごんべん）と延。

誕は最初、でたらめなことや、うそを言うことをあらわす字だったという。

でも、周の時代に書かれた『詩経』という本のなかで、王が生まれたことを記す文に誕の字が使われて、そこから「誕生」ということばがつくられたのだという。

書き順　15画

ことばの例

誕生日・生誕・降誕

訓よみ

段

音よみ　ダン

むかしの漢字

はやわかり　となえことば

金属を打ってきたえる形が段

なりたち

段のなりたちは、刃物などをつくるとき、金属をたたいて、きたえて、薄くすること。段は、鍛（きたえる）のもとの字なんだ。

𠤏が段石という素材で、殳は、手で打つ形。

その素材は層をなすものだったので、段は、「一段、二段」の段に使われるようになった。

書き順　9画

ノ　ｒ　Ｆ　Ｆ　𠂤　𠂤　𠂤　段　段

ことばの例

段階・段差・段落・段取り・石段・階段・手段・算段・格段・値段

訓よみ あたた-かい　あたた-まる

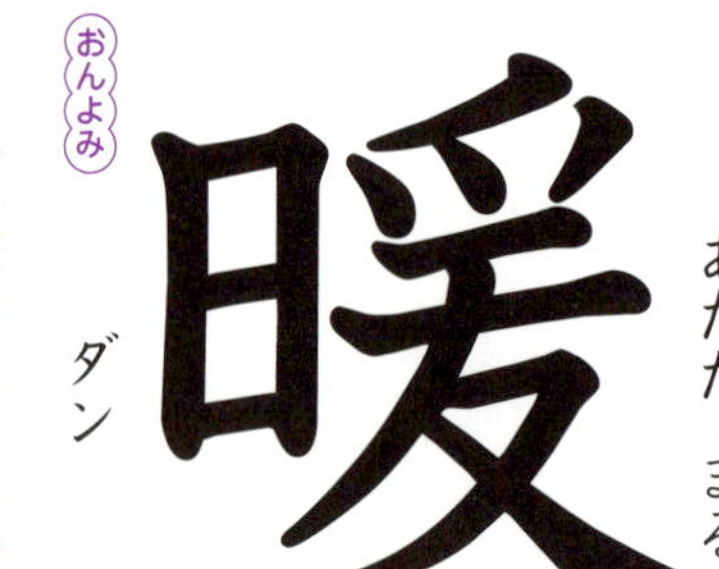

おんよみ ダン

はやわかり となえことば

ぽかぽかと 暖（あたた）かいこと あらわす暖（だん）

むかしの漢字

なりたち

暖（あたた-かい・ダン）は、あたたかいことをあらわす字だ。日（ひへん）と爰（エン）。寒（さむ）くなく

もともとは、日でなく火のついた煖（ケン）という字が、「あたたかい」という意（い）味（み）で使われていた。

あとから、日（ひへん）の暖（ダン）が使（つか）われるようになった。

書き順

13画

ことばの例

暖（あたた）か・暖冬（だんとう）・暖房（だんぼう）・暖流（だんりゅう）・暖色（だんしょく）・温暖（おんだん）・寒暖（かんだん）

訓よみ　ね・（あたい）

音よみ　チ

むかしの漢字

はやわかり　となえことば

見れば見るほど
おなじ値うちの
人どうし

なりたち

値は、亻（にんべん）と直。
直は、まっすぐにものを見ること
（直視すること）をあらわす字。
値は、「同じ値うち」という意味を
あらわした字だ。

書き順　10画

ノ亻亻𠂉仁仕㑊侑值值値

ことばの例

値段・値札・値打ち・値下げ・高値・
価値・数値・平均値

訓よみ

宙

音よみ

チュウ

むかしの漢字

はやわかり となえことば

宀（うかんむり）に 由（ゆう）の字（じ）かいて 宇宙（うちゅう）の宙（ちゅう）

なりたち

宙（チュウ）は、宀（うかんむり）と由（ユウ）。由（ユウ）は、なかみがからっぽのひょうたんの形。

宙（チュウ）のもともとの意味（いみ）は、棟（むね）や梁（はり）で支（ささ）えられた、家屋（かおく）の外わくのこと。ドーム形の建物（たてもの）をあらわしたらしい。東京ドームみたいな形だね。

それが「宇宙（うちゅう）」の宙（チュウ）に使（つか）われた。天空はドーム形をしていると、古代（こだい）の人は考えたのだろう。

書き順 8画

丶 丷 宀 宀 宁 宙 宙 宙

ことばの例

宙返（ちゅうがえ）り・宙（ちゅう）づり・宇宙（うちゅう）

訓よみ

忠

音よみ　チュウ

むかしの漢字

はやわかり　となえことば

もともとは　まごころあらわす　忠の文字

なりたち

忠のもともとの意味は、「まごころ」。心をつくすことだ。

あとになって、けらいが主人につくすという意味に使われるようになった。

忠は、中と心。中はここでは、音をあらわすだけの役目。

❗中は、ふきながしをつけた旗ざおの形。（1年生）

書き順　8画

丶 冂 口 中 中 忠 忠 忠

ことばの例

忠実・忠告・忠義・忠誠・忠犬

著

訓よみ　（あらわ-す）（いちじる-しい）

おんよみ　チョ

むかしの漢字

はやわかり　となえことば

あきらかなことや書きあらわすこと著という字

なりたち

著は、艹（くさかんむり）と者。者は、都市をかこむ城壁や土手の要所に、まよけのお札をうめることをあらわした字。

そのお札のききめがいちじるしいことが、著。だから著には、「あきらか」という意味がある。

考えを文字に書いてあきらかにすることを「著す」というよ。

書き順　11画

一 十 艹 艹 艹 芏 荖 荖 著 著 著

ことばの例

著書・著者・著作・著述・著名・名著・共著・顕著

訓よみ

音よみ チョウ

庁

（廳）

はやわかり となえことば

かたやねに
丁の字かいて
役所の庁

なりたち

庁は、役所をあらわす字だ。もとの字は廳。分けると、广（まだれ）と聴（聽）。

广（まだれ）は、建物をあらわす。聴は、耳をかたむけてよく聞くという意味の字。

だから、庁（廳）とは、人びとのうったえを聞いて仕事をする役所ということだね。

書き順 5画

丶 亠 广 广 庁

ことばの例

庁舎・県庁・警視庁・官公庁・登庁

訓よみ いただき・いただ-く

音よみ チョウ

むかしの漢字

はやわかり となえことば

丁(ちょう)と頁(おおがい)
てっぺん
あらわす
頂上(ちょうじょう)の頂(ちょう)

なりたち

頂(いただき・チョウ)は、丁(チョウ)と頁(おおがい)。

丁(チョウ)は、頭の平(ひら)たい釘(くぎ)の形。

頁(おおがい)は、ここでは、人の首から上をあらわす。

頂(チョウ)は、頭のてっぺんをあらわした字だ。「山頂(さんちょう)」とは、山のてっぺん(頂(いただき))のこと。

！ 顔や頭の字にも頁(おおがい)がある。

書き順 11画

一 丁 丆 丆 丆 丆 丆 丆 頂 頂 頂

ことばの例

頂上(ちょうじょう)・頂点(ちょうてん)・頂戴(ちょうだい)・山頂(さんちょう)・登頂(とうちょう)・絶頂(ぜっちょう)・有頂天(うちょうてん)・真骨頂(しんこっちょう)

訓よみ

腸

音よみ

チョウ

むかしの漢字

はやわかり　となえことば

月（つき）はにくづき　おなかのなかの腸（ちょう）のこと

なりたち

わたしたちの体は、食べたものを胃（い）でとかして、その栄養（えいよう）を腸（ちょう）からとりいれる。あまったぶんはうんちになって、体の外に出るんだ。

腸（チョウ）は、月（にくづき）と昜（ヨウ）。月（にくづき）は、「体の一部（いちぶ）だよ」ということをあらわすしるし。昜（ヨウ）は、音（おん）をあらわすだけの役目（やくめ）。（昜（ヨウ）はチョウの音（おん）をあらわすこともある。）

！胃（い）のなりたちは、22ページを見てね。

書き順　13画（かく）

丿 刀 月 月 肌 肌 肥 肥 胆 胆 腸 腸 腸

ことばの例

胃腸（いちょう）・小腸（しょうちょう）・大腸（だいちょう）・断腸（だんちょう）

訓よみ　しお

音よみ　チョウ

潮

むかしの漢字

なりたち

海は、朝夕に、その水位(すいい)を変(か)える。それを満(み)ち潮(しお)・引(ひ)き潮(しお)というよ。潮(しお・チョウ)は、氵(さんずい)に朝(チョウ)。朝(あさ)の「しお」の満(み)ち引(ひ)きをあらわした字だ。

！夕方の「しお」の満(み)ち引(ひ)きは、汐(せき)と書く。

はやわかり　となえことば

朝(あさ)の海(うみ)
潮(しお)の
みちひき
あらわす潮(ちょう)

書き順　15画

冫 氵 汁 汁 沛 沛 洎 渣 淖 潮 潮 潮 潮

ことばの例

潮風(しおかぜ)・潮時(しおどき)・黒潮(くろしお)・引(ひ)き潮(しお)・血潮(ちしお)・潮流(ちょうりゅう)・風潮(ふうちょう)・満潮(まんちょう)・干潮(かんちょう)・最高潮(さいこうちょう)

賃

訓よみ

音よみ　チン

むかしの漢字

はやわかり　となえことば

任務（にんむ）にはらう　お金（かね）のことを　賃金（ちんぎん）という

賃（チン）は、任（ジン〈ニン〉）と貝（かい）。お金をはらって人をやとうことをあらわした字だ。

任（ニン）は、「任務（にんむ）」の任（ニン）。重要（じゅうよう）な任務（にんむ）をはたすことをあらわしている。

貝（かい）はお金で、「賃金（ちんぎん）」とは、仕事（しごと）にはらう、ほうびのお金。

書き順

ノ　イ　仁　仟　任　任　任　凭　凭　賃　賃　賃　賃

13画

ことばの例

賃金（ちんぎん）・賃貸（ちんたい）・家賃（やちん）・運賃（うんちん）・電車賃（でんしゃちん）

痛

訓よみ　いた-い・いた-む

音よみ　ツウ

むかしの漢字

はやわかり　となえことば

疒（やまいだれ）

ずんと痛みが　つきぬける

痛は、「いたい」という意味の字だ。疒（やまいだれ）と甬で、痛。疒（やまいだれ）は、人が病気でベッドにねている形。甬はおけ（桶）の形だけど、ここでは、「通りぬける」という意味をあらわす。痛とは、ずーんと体を通りぬけるような痛みのこと。

書き順　12画

丶 亠 广 广 疒 疒 疗 疗 疠 病 痏 痛

ことばの例

痛手・痛切・痛快・痛感・頭痛・心痛・腹痛・苦痛・悲痛・激痛

敵

訓よみ （かたき）

音よみ テキ

むかしの漢字

はやわかり となえことば

むちをもち（攵）はむかう者をあらわした敵

なりたち

敵は、商と攵（攴・むちづくり）の字。

商は、帝（天帝）と口（𠙵・いのりのことばを入れる器）をあわせた形。帝をつぐ人をあらわす。

その人にはむかい、はむかう形が、敵。

攵（攴）は、むちで打つ形だ。

！しんにょうの適は、帝のあとつぎにふさわしいことをあらわした字。（5年生）

書き順

15画

ことばの例

商売敵・敵地・敵意・敵対・強敵・大敵・宿敵・無敵・素敵・匹敵

訓よみ

音よみ テン

展

むかしの漢字

はやわかり　となえことば

広げることやならべることをあらわす展

なりたち

展の、むかしの漢字を見てみよう。尸（尸・しかばね）は死者をあらわす。㠭は、まじないの道具の工を四つならべた形。その下の形は、衣。死者に悪霊がつかないように、えりもとに工をならべたまじないだ。それを展といった。

いま、展は、「広げる」「調べる」という意味に使われる。

書き順　10画

㇕ コ 尸 尸 屏 屏 屏 屏 展 展

ことばの例

展示・展覧会・展開・展望・個展・進展・発展・親展

訓よみ　（うーつ）

討

音よみ　トウ

むかしの漢字

はやわかり　となえことば

討ちとることや検討することをあらわす討

なりたち

討には、「兵力で攻め討つ」という意味と、「くわしく調べる」という意味がある。

もともとは、王にしたがわないものを攻め討つことをあらわした。

そのとき、いろいろとくわしく調べたのだろう。討はのちに、「検討」や「討議」などと使われるようになった。

書き順　10画

討

ことばの例

討ち入り・討論・討議・検討

訓よみ

党

音よみ

トウ

はやわかり　となえことば

同じかまどの飯を食う
仲間のことだ
党の文字

むかしの漢字

（黨）

なりたち

党の、もとの字は黨。尚と黒をあわせた形だった。
尚は、まどに神をまつる形。
黒は、ここでは、炊事をするかまどをあらわす。
だから党は、同じ神を祭り、ともに食事をする一族の「なかま」をあらわしている。

書き順

10画

ことばの例

党首・党派・政党・与党・野党・徒党・郎党・悪党

訓よみ

糖

音よみ　トウ

むかしの漢字

はやわかり　となえことば

米からつくった　あまい水あめ　糖の文字

なりたち

糖は、米（こめへん）と唐だよ。

糖は最初、あまい「水あめ」をあらわす字だった。

ずいぶん古くから、人間は、こくもつを材料にして、あまいあめや甘酒をつくっていた。

それで糖は、米（こめへん）なのだろう。唐は、音をあらわす部分。

書き順

16画

ことばの例

糖分・糖尿病・砂糖・果糖

訓よみ

届

とど-く

音よみ

むかしの漢字

（屆）

届の、もとの字は屆。むかしの漢字を見てごらん。

尸は尸（しかばね）で、死者の体をあらわす。由は、土をほった穴だ。

届（屆）のもともとの意味は、死者を深い土の穴にうめること。

日本では、「とどく」「とどける」という意味に使われた。

はやわかり　となえことば

届くという字は地中に死者をほうむる形

書き順　8画

𠃍 コ 尸 尸 局 届 届 届

ことばの例

届け先・届け出・不届き・転入届

訓よみ むずかしい・(かたい)

音よみ ナン

難

むかしの漢字

はやわかり　となえことば

鳥(とり)(隹)をおどかし なやますことから できた難(なん)

なりたち

難(むずかしい・ナン)のなりたちは、鳥を火矢(ひや)でおどして、なやませること。鳥うらないの一種(いっしゅ)のようだ。

難(ナン)は、𦰩(かん)と隹(ふるとり)。𦰩(かん)が、火のついた矢。隹は鳥。

なやまされるということから、「むずかしい」という意味(いみ)に使(つか)われるようになった。

「鳥(隹)の災難(さいなん)」とおぼえてもいいね。

書き順 18画

艹 艹 艹 苷 荁 莫 莫 𦰩 𦰩 𦰩 𦰩 𦰩 𦰩 難

ことばの例

難解(なんかい)・難題(なんだい)・難関(なんかん)・災難(さいなん)・困難(こんなん)・避難(ひなん)・盗難(とうなん)・無難(ぶなん)・非難(ひなん)

訓よみ ちち・（ち）

音よみ ニュウ

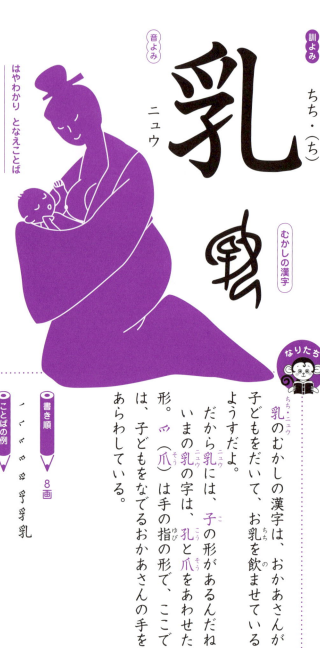

乳

むかしの漢字

はやわかり となえことば

子（こ）どもに乳（ちち）をのませるようすが 乳（にゅう）の文字（もじ）

なりたち

乳（ちち・ニュウ）のむかしの漢字は、おかあさんが子どもをだいて、お乳（ちち）を飲（の）ませているようすだよ。

だから乳（ニュウ）には、子（こ）の形があるんだね。いまの乳（ニュウ）の字は、孔（こう）と爪（そう）をあわせた形。爫（爪（そう））は手の指（ゆび）の形で、ここでは、子どもをなでるおかあさんの手をあらわしている。

書き順 8画

ことばの例

お乳（ちち）・乳飲み子（ちのみご）・乳製品（にゅうせいひん）・乳液（にゅうえき）・牛乳（ぎゅうにゅう）・母乳（ぼにゅう）・乳児（にゅうじ）

訓よみ みと－める

音よみ（ニン）

むかしの漢字

はやわかり となえことば

自分のものだと言って認めさせる認

なりたち

認はもともと、「自分のものだと主張して、それを認めさせる」という意味に使われていた。

たとえば、「この田畑は、自分の土地だったはずだ」とか、「この馬は、まえににげた自分の馬だ。なぜなら……」といったぐあいに主張したんだ。

そこから、認は、そうした主張をを「みとめる」という意味に使われるようになった。

書き順 14画

、 亠 亠 言 言 言 訁 訒 訒 認 認 認 認 認

ことばの例

認め印・認可・認定・認識・確認・承認・公認・否認・誤認

納

訓よみ：おさ-める

音よみ：ノウ・（ナッ）・（ナ）（ナン）・（トウ）

むかしの漢字

はやわかり　となえことば

織物で税を納めた納の文字

なりたち

納は、「おさめる」という意味の字だ。

糸（いとへん）と内。

もともとは、税として織物を納めさせることをあらわした。

内は、家の入り口の形からできた字。

❗むかしの漢字をくらべてみよう。

入　内　納

書き順　10画

く　幺　幺　糸　糸　糸　糸　糸冂　納　納

ことばの例

仕事納め・納入・納得・納豆・納屋・納戸・収納・未納・出納

脳

音よみ　ノウ

むかしの漢字　（腦）

はやわかり　となえことば

頭の上に毛が三本
月ついてる　脳の文字

なりたち

脳の、もとの字は腦。つくり（右がわ）の𡿺は、頭がい骨の上に髪の毛をかいた形なんだ。人間の脳をあらわしている。

月（にくづき）は、「体の一部だよ」ということをあらわす部首。

❗心（忄・りっしんべん）と𡿺で、悩（惱）。「なやむ」という字だ。

書き順　11画

丿 刀 月 月 月' 月𠃌 月𠂇 肸 脳 脳 脳

ことばの例

脳みそ・脳裏・脳死・頭脳・首脳

ハ

音よみが「ハ行」の漢字

訓よみ

音よみ　ハ

派

むかしの漢字

はやわかり　となえことば

水の流れが　えだ分かれする　派の文字だ

なりたち

派は、水（氵）の流れが、分かれていることをあらわす形。むかしの漢字の右がわが、川の分流する形で、それが𠂢になった。

❗永は、合流する水の流れ。

永（5年生）

書き順　9画

丶 冫 氵 氵 氵 汀 汀 沠 派

ことばの例

派兵・派生・派遣・派出所・派閥・派手・流派・宗派・党派・特派員

訓よみ おが－む

音よみ ハイ

むかしの漢字

はやわかり　となえことば

拝(はい)の字(じ)は　かがんで
花(はな)をぬきとる形(かたち)

なりたち

拝(おが－む・ハイ)は、手（手の古い形）と𡴀（花の形）をあわせた字。一本の草花を、かがんで手でぬきとる形だ。
　草花をつみとろうと、人がかがみこむしせいから、拝(ハイ)は、「おがむ」という意味(いみ)に使(つか)われるようになった。

! 拝(はい)のむかしの漢字には、こんな形もある。

書き順　8画

一 十 扌 扌 扌 扌 扌 拝

ことばの例

拝見(はいけん)・拝受(はいじゅ)・拝借(はいしゃく)・拝啓(はいけい)・礼拝(れいはい)・崇拝(すうはい)・参拝(さんぱい)

訓よみ せ・せい・（そむ-く）

音よみ ハイ

むかしの漢字

はやわかり となえことば

北(きた)の字(じ)に月(にくづき)つけて
背中(せなか)の背(せ)

なりたち

背(せ・ハイ)は、「背中(せなか)」の背(せ)だね。北(ホク)と月(にくづき)の字だ。北(きた・ホク)は、二人の人が背中(せなか)あわせになっている形で、最初(さいしょ)は、北(ホク)が「せなか」をあらわす字だった。でも、北(ホク)が方位(ほうい)の「きた」に使(つか)われるようになったので、「せなか」をあらわすために、月（にくづき）を加(くわ)えて、背(ハイ)の字がつくられた。

書き順 9画

ことばの例

背骨(せぼね)・背伸(せの)び・背番号(せばんごう)・背負(せお)い投(な)げ・背比(せいくら)べ・背後(はいご)・背景(はいけい)・背信(はいしん)・背徳(はいとく)

訓よみ

肺

音よみ　ハイ

むかしの漢字

はやわかり　となえことば

息をする働きになう　肺の文字

なりたち

肺とは、呼吸をつかさどる臓器のこと。月（にくづき）と市だよ。

この市は、もとは巿で、しげった草木が、ゆらゆらゆれるようすをあらわす形。肺もまた、呼吸によってふくらんだりして動くものだ。

古代の人は、けものを解体して神にそなえていたから、体の内部のこともよく知っていたのだろう。

月（にくづき）は、体の部分をあらわす部首。

書き順　9画

丿 刀 月 月 月' 肝 肺 肺 肺

ことばの例

肺臓・肺活量・肺炎・心肺

訓よみ

音よみ　ハイ

俳

むかしの漢字

はやわかり　となえことば

おもしろ
おかしく
演じる
ことだよ
俳優の俳

なりたち

俳は、「俳優」の俳。亻（にんべん）と非の字だよ。非は、左右に歯のついたくしの形だけど、ここでは音をあらわす役目。（非は、あわせ漢字のなかでは、ハイという音をあらわすことがある。）俳は、喜劇を演じる二人の人をあらわした字。

！「俳優」の俳は喜劇役者で、優は悲劇役者をあらわした（209ページ）。

書き順　10画

ノ　亻　仈　付　伟　俳　俳　俳　俳　俳

ことばの例

俳優・俳句・俳人

訓よみ

音よみ ハン

班

むかしの漢字

はやわかり となえことば

つづった玉を刀（刂）で分ける形の班

なりたち

班の字にある王は、宝石の玉をあらわしている。

玉を連ねたものが玨。

班は、玨を刀（刂）で二つに分ける形。それで、いろいろなものを「わける」という意味になった。

! 理・球・現の字の王も、玉をあらわす。

書き順 10画

一 丅 干 王 王 玎 玎 玗 班 班

ことばの例

班長・班員・班別・救護班

晩

訓よみ

音よみ バン

むかしの漢字

はやわかり　となえことば

日がくれて
すっかり
暗くなれば
晩

なりたち

晩とは、日がすっかり落ちて、暗い夜の状態になった時刻をいう。また、晩は、「早晩」「晩秋」などというように、年齢や時期が「おそい」という意味にも使われる。

晩は、日（ひへん）と免。

免は、ここでは音をあらわすだけの役目。（免は、あわせ漢字のなかでは、バンという音をあらわすことがある。）

書き順

12画

ことばの例

晩ご飯・晩春・晩秋・晩年・今晩・昨晩・早晩・大器晩成

訓よみ （いな）

否

音よみ ヒ

むかしの漢字

はやわかり　となえことば

神さまが　うんと言わない　否の文字だ

なりたち

否は、「〜でない」という否定（打ち消し）の意味をあらわす字。

不と口（𠙵・いのりのことばを入れる器）をあわせた形だよ。

不もまた、「〜でない」という意味の字だ。だから否は、いのりが通じなかったことをあらわす字。うらないの結果だったのかもしれないね。

！不は、花のがくが下にむいた形。（4年生）

書き順　7画

一　丆　不　不　不　否　否

ことばの例

否定・否決・拒否・安否・賛否両論

批

訓よみ

音よみ ヒ

はやわかり となえことば

扌と比
バシッと
打つこと
批という字

むかしの漢字

なりたち

批は、扌（てへん）と比。扌は手。比は音をあらわしている。

もともと、批は、バシッと平手打ちすることをあらわしたという。

そこから、欠点やまちがいをとがめるという意味にも使われるようになった。

書き順 7画

一 十 扌 扌 扎 扐 批

ことばの例

批判・批評・批准

訓よみ

（ひーめる）

音よみ ヒ

むかしの漢字

（祕）

はやわかり となえことば

必をつかった
秘密のぎしきを
あらわす秘

なりたち

秘は、「秘密」の秘。禾（のぎへん）と必の字だ。でも、もとの形は祕で、示（しめすへん）の字だった。示は、神をまつるつくえ。必は、武器の刃を柄にとりつける部分の形。秘（祕）は、この必を使った秘密の儀式をあらわした字だ。古代、武器は神聖なものとされていた。

❗密のなりたちも見てね（204ページ）。

書き順 10画

ノ 二 千 禾 禾 禾 秒 秘 秘 秘

ことばの例

秘め事・秘伝・秘宝・秘境・秘蔵・秘書・極秘・黙秘・神秘・便秘

俵

訓よみ　たわら

音よみ　ヒョウ

はやわかり　となえことば

亻(にんべん)と表(ひょう)
わらでつくった土俵(どひょう)や俵(たわら)

なりたち

俵(たわら・ヒョウ)は、もともとは、「ものを分けあたえる」という意味(いみ)だったという。でも、日本では、わらをあんで、なかにお米などを入れる「たわら」をあらわす字に使(つか)われた。絵を見てね。すもうの土俵(どひょう)は、土をつめた俵(たわら)でかこんでいるから、「土俵(どひょう)」というんだ。俵(ヒョウ)は、亻(にんべん)に表(ヒョウ)と書く字。

書き順　10画

ノ 亻 仁 什 仹 佳 伊 俵 俵 俵

ことばの例

米俵(こめだわら)・炭俵(すみだわら)・一俵(いっぴょう)・土俵(どひょう)

訓よみ

腹

はら

音よみ

フク

むかしの漢字

はやわかり となえことば

ふくらんだ 器(うつわ)のような 人間(にんげん)の腹(はら)

なりたち

腹(はら・フク)は、「はら」(おなか)をあらわす字だ。月(にくづき)と复(フク)。

复(フク)は、お米などをはかる、おなかのふくらんだますをひっくり返(かえ)す形。

复(フク)に、肉の月(にくづき)をあわせて、おなかをあらわす腹(フク)の字ができた。

❗復(ふく)は、彳(ぎょうにんべん)と复(ふく)。

複(ふく)は、衤(衣・ころもへん)と复(ふく)。

(どちらも5年生の漢字)

書き順 13画

丿 刀 月 月 肝 肝 肵 肺 胙 腹 腹 腹 腹

ことばの例

腹八分(はらはちぶ)・裏腹(うらはら)・腹部(ふくぶ)・腹筋(ふっきん)・腹案(ふくあん)・空腹(くうふく)・満腹(まんぷく)・立腹(りっぷく)・山腹(さんぷく)・私腹(しふく)

訓よみ　ふる-う

音よみ　フン

むかしの漢字

はやわかり　となえことば

えりもとから
鳥（隹）がとびたつ
奮の文字

なりたち

古代の人びとは、人が死ぬと、その霊魂は鳥の形になって、衣服のえりもとからぬけでると信じていた。

奮のむかしの漢字を見ると、それがわかる。が衣、が隹（鳥）。は、鳥のあしをとめる道具。

奮は、死者のたましいが鳥の形になって、飛びたとうとすることをあらわした字。

書き順　16画

奮

ことばの例

奮起・奮発・奮闘・興奮・発奮

ならーぶ・なみ
ならーびに

並

（ヘイ）

おんよみ

はやわかり　となえことば

人ふたり
並んで
立ってる
形だよ

むかしの漢字

（竝）

なりたち

並のもとの字は竝で、二人の人がならんで立っている形。

立は、「儀式のときに立つ位置はこだ」としめす形。だから、並（竝）とは、きまった位置に二人がならぶこと。

むかしの漢字をくらべてみよう。

大

立

並

書き順　8画

丶 丷 䒑 䒒 并 並 並 並

ことばの例

横並び・並木・足並み・町並み・毛並み・月並み・並行・並列

訓よみ

陛

音よみ　ヘイ

むかしの漢字

はやわかり　となえことば

土の階段　ふたりの人が　ならぶ　陛

なりたち

陛は、阝（こざとへん）と坒。坒は、階段に、二人の人（比）がならんでいる形。

阝（こざとへん）は、神聖な場所をあらわす。

陛は、聖所の階段をあらわした字だ。「陛下」という呼びかたは、「階段の下からお目にかかる」という意味で使われたもの。

書き順　10画

陛

ことばの例

陛下

閉

訓よみ　とーじる・（とーざす）　しーめる

おんよみ　ヘイ

はやわかり　となえことば

才（さい）を立（た）て　入（はい）れませんと　門（もん）を閉（と）じ

むかしの漢字

なりたち

閉（ヘイ）は、門（もん）と才（さい）をあわせた形。才（さい）は、聖地（せいち）に立てた目印（めじるし）の木。閉（ヘイ）は、門（もん）のまえに才（さい）を立てて、立ち入りを禁（きん）じることをあらわした字だ。

！開（かい）は、かんぬきをした門（もん）（閂（さん））を両手（りょうて）（廾（きょう））でひらく形。（3年生）

開

書き順　11画

ことばの例

閉会（へいかい）・閉館（へいかん）・閉店（へいてん）・閉幕（へいまく）・閉口（へいこう）・開閉（かいへい）・幽閉（ゆうへい）・密閉（みっぺい）

片

訓よみ　かた

音よみ　（ヘン）

むかしの漢字

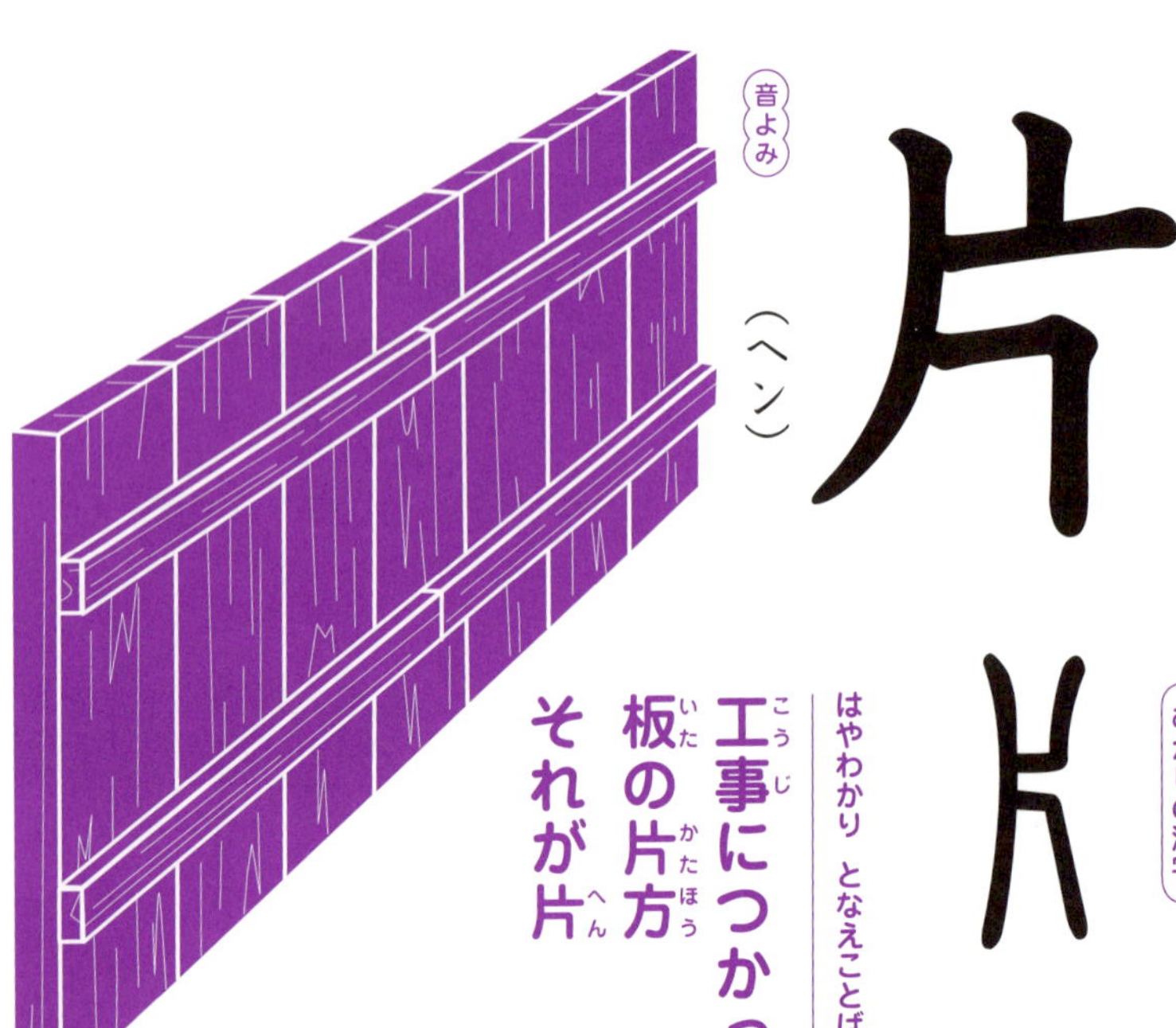

はやわかり　となえことば

工事につかった
板の片方
それが片

なりたち

片は、版築という工事に使う板の形。立てた板と板のあいだに土を入れ、その土をつき固めて、城壁などを築いた。その板の片方の形が、片。

書き順

丿 丿 片 片

4画

ことばの例

片方・片足・片側・片手間・片時・片鱗・紙片・破片・一片・断片

補

訓よみ　おぎな－う

音よみ　ホ

むかしの漢字

はやわかり　となえことば

いたんだ衣をつくろい補う補の文字だ

なりたち

補（おぎな－う・ホ）は、衤（衣・ころもへん）と甫（ホ）。補のもともとの意味は、いたんだ衣（衣服）をつくろうこと。ほつれたり、やぶれたりしたのを修理することだ。

そこから、いろいろなものを「おぎなう」という意味になった。

甫は、苗木の根をつつんでいる形で、ものをつつみこむという意味をあらわしている。

書き順　12画

、 ラ ネ ネ 衤 衤 衤 衤 衤 補 補 補

ことばの例

補足・補給・補助・補欠・補修・補習・補聴器・候補・増補・警部補

暮

訓よみ　く-れる・く-らす

音よみ　（ボ）

むかしの漢字

はやわかり　となえことば

草原に日がおちてゆく日暮れだよ

なりたち

暮の、もとの形は莫（）。西の草原に日がしずむ形だよ。

でも、莫が、ほかのあわせ漢字の部分に使われるようになったので、「ひぐれ」をもうひとつ日を加えて、莫にあらわす暮の字が作られた。

墓は、莫＋土（5年生）。

幕は、莫＋巾（ぬの）（203ページ）。


！朝の𠦝は、東の草原から日がのぼる形。

書き順　14画

一 十 艹 芇 苩 苩 苜 荁 草 莫 莫 暮 暮 暮

ことばの例

日暮れ・夕暮れ・年の暮れ・暮らし・暮色・歳暮

訓よみ　たから

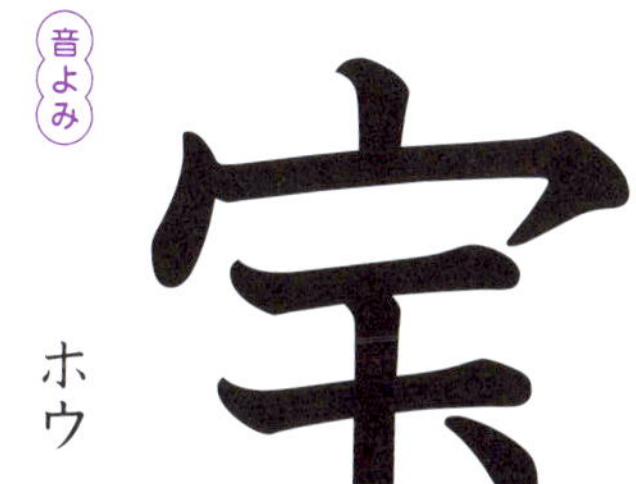

音よみ　ホウ

むかしの漢字

（寶）

はやわかり　となえことば

やねの下（した）
玉（たま）や貝（かい）やの
宝（たから）もの

なりたち

宝（たから・ホウ）のなりたちは、絵とむかしの漢字を見るとわかるよ。

お宮（みや）（宀）のなかに、宝石（ほうせき）の玉（ぎょく）や、貝（かい）（　）のお金などの宝物（たからもの）を、どっさりおそなえしてある形だ。

それが寶（ホウ）の字になり、さらに、かんたんに書いた宝（ホウ）の形になった。

書き順　8画

丶　丷　宀　宀　宁　宇　宝　宝

ことばの例

宝物（たからもの）・宝船（たからぶね）・子宝（こだから）・宝石（ほうせき）・宝庫（ほうこ）・国宝（こくほう）・秘宝（ひほう）・家宝（かほう）・重宝（ちょうほう）

訓よみ　たず-ねる（おとず-れる）

おんよみ　ホウ

むかしの漢字

はやわかり　となえことば

人（ひと）を訪（たず）ねて
どうでしょうかと
問（と）うてみる

なりたち

訪（たず-ねる・ホウ）は、言（ごんべん）と方（ホウ）。訪（ホウ）のもともとの意味（いみ）は、神（かみ）さまや長老（ちょうろう）たちにおたずねする（聞く）こと。

意見（いけん）を聞くことだから、言（ごんべん）の字なんだね。方（ホウ）は、ここでは、「あちこち」（ほうぼう）という意味（いみ）をあらわしている。

訪（ホウ）はいまは、ある場所（ばしょ）へ行くという意味（いみ）の「たずねる」に使（つか）われる。

書き順　11画

、 亠 亖 亖 言 言 言 訁 訁 訪 訪

ことばの例

訪問（ほうもん）・訪日（ほうにち）・来訪（らいほう）・歴訪（れきほう）・探訪（たんぼう）

訓よみ

（なーい）

亡

音よみ

ボウ・（モウ）

むかしの漢字

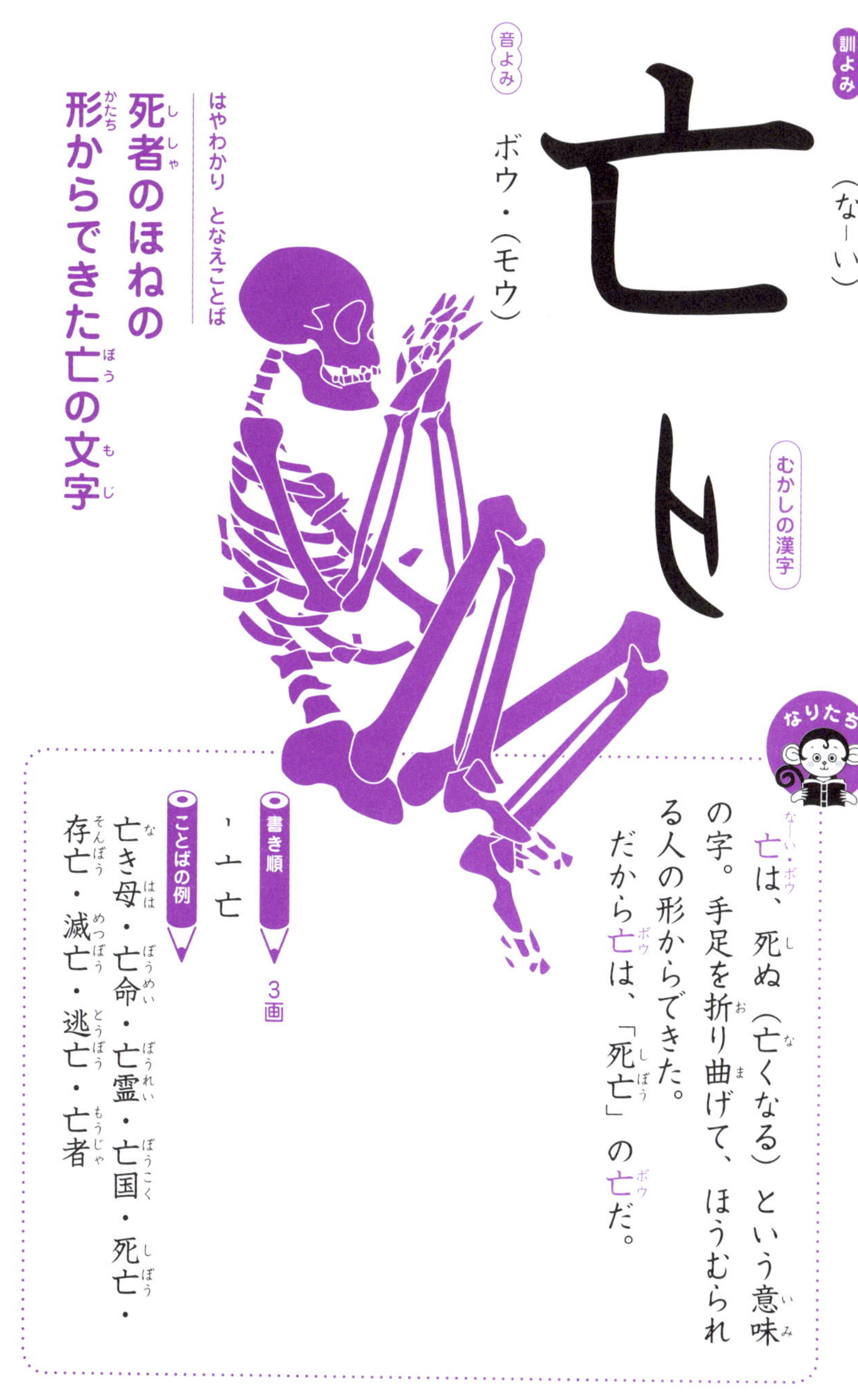

はやわかり　となえことば

死者（ししゃ）のほねの形（かたち）からできた亡（ぼう）の文字（もじ）

なりたち

亡（なーい・ボウ）は、死（し）ぬ（亡（な）くなる）という意味（いみ）の字。手足を折（お）り曲（ま）げて、ほうむられる人の形からできた。だから亡（ボウ）は、「死亡（しぼう）」の亡（ボウ）だ。

書き順

丶 亠 亡

3画

ことばの例

亡（な）き母（はは）・亡命（ぼうめい）・亡霊（ぼうれい）・亡国（ぼうこく）・死亡（しぼう）・存亡（そんぼう）・滅亡（めつぼう）・逃亡（とうぼう）・亡者（もうじゃ）

訓よみ

忘

わす-れる

音よみ

（ボウ）

むかしの漢字

はやわかり　となえことば

心(こころ)と亡(ぼう)で　記憶(きおく)がないこと　忘(わす)れること

なりたち

忘(わすーれる・ボウ)は、「わすれる」という意味(いみ)の字だ。亡(ボウ)と心(こころ)とに分けられるよ。亡(ボウ)は、人が亡(な)くなることをあらわした字で、ここでは音(おん)をあらわす部分(ぶぶん)。心(こころ)は、心のはたらきをあらわしている。

書き順　7画

、亠亡亡忘忘忘

ことばの例

忘(わす)れ物(もの)・忘(わす)れ形見(がたみ)・年忘(としわす)れ・忘年会(ぼうねんかい)・忘却(ぼうきゃく)・忘恩(ぼうおん)・健忘症(けんぼうしょう)・備忘録(びぼうろく)

訓よみ

棒

音よみ　ボウ

むかしの漢字

はやわかり　となえことば

もともとは　大きな木のつえ
それが棒

なりたち

棒は、木（きへん）と奉。もとは棓という字で、大きな木のつえのことをいった。

奉は、音をあらわす部分。

棒は、「木の棒」「鉄棒」などと使うほかに、棒のようにまっすぐなことをあらわすのにも使われる。

書き順　12画

一 十 才 木 木 朩 栏 栐 栲 棒 棒 棒

ことばの例

棒高飛び・棒読み・棒立ち・棒引き・棒グラフ・鉄棒・片棒・相棒

音よみが「マ行」「ヤ行」「ラ行」の漢字

マ ヤ ラ

訓よみ

音よみ　マイ

はやわかり　となえことば

けずった板を一枚、二枚と数えます

むかしの漢字

なりたち

枚は、「一枚、二枚」と、うすいものを数えるのに使われる字だ。もともとの意味は、木をけずって作った、うすい木片や板のこと。

枚は、木と攵（攴）をあわせた形。攵（攴・むちづくり）は、ここでは、手斧を持つ手をあらわしている。

書き順　8画

一 十 才 木 木 朸 枚 枚

ことばの例

枚数・枚挙・大枚・一枚

訓よみ

幕

音よみ　マク・バク

むかしの漢字

はやわかり　となえことば

ぬの（巾）をはり
おおいかくすのが
幕の文字

なりたち

幕は、莫と巾。
巾は、きれ（ぬの）という意味の字。
莫は、草原に日がしずむ形で、「かくす」「かくれる」という意味をもっている。
だから、ぬの（巾）でかくすのが幕。

！土でかくすのが墓。（5年生）

！「日暮れ」の暮は、194ページを見てね。

書き順　13画

ことばの例

幕切れ・幕の内・幕府・幕末・暗幕・開幕・黒幕・字幕・見幕・討幕

訓よみ

密

音よみ

ミツ

はやわかり　となえことば

お宮のなかで
必をつかって
秘密のぎしき

むかしの漢字

なりたち

密は、先祖をまつるお宮（宀）でおこなう、秘密の儀式をあらわした字。密は、宀と必と火をあわせた形で、山の部分は、もとは火だった。必は、刃物を柄にとりつける部分の形。密は、戈などを火で清めて、おごそかにおこなう儀式だったという。

書き順

丶 丷 宀 宓 宓 宓 宓 宻 宻 密 密

11画

ことばの例

密室・密売・密集・密接・密着・内密・機密・親密・厳密・精密

訓よみ

盟

音よみ

メイ

はやわかり　となえことば

月明かり　皿に　血を入れ　ちかう　盟

むかしの漢字

なりたち

盟は、明と皿をあわせた形。明（）は、まど（）から月（）の光がさしこむことをあらわす。そこに神をむかえて、まつった。皿は、ここでは、血を入れた皿をあらわしている。

いけにえの血をそなえ、神にちかうことを盟といった。

書き順

13画

ことばの例

盟友・盟約・同盟・加盟・連盟

訓よみ

音よみ　モ・ボ

模

はやわかり　となえことば

お手本や
型をあらわす
模の文字だ

むかしの漢字

模は、「模型」や「模範」の模。
木に彫りこんだ型をあらわした字だよ。たとえばそれは、彫刻した版木を作り、その上に紙をかぶせて、そっくり写しとるようなこと。「型」や「お手本」というのが、模のもともとの意味だ。
模は、木（きへん）と莫。
莫は、音をあらわす部分。

書き順　14画

一　十　才　木　…　模

ことばの例

模型・模写・模造・模様・模範・模索・規模

訓よみ わけ

音よみ ヤク

むかしの漢字 譯（譯）

はやわかり　となえことば

ちがう言語を　通訳すること　訳の文字

なりたち

訳は、むかしから、「通訳」や「翻訳」という意味に使われてきた。ちがう言語をわかることばにおきかえて、意味が通じるようにすることだ。

訳の、もとの字は譯。

言（ごんべん）は、ことばをあらわす。

睪は、ここでは、ときほぐすという意味をあらわしている。

「わけ」というのは、日本での使われかた。

書き順　11画

、 亠 亠 言 言 言 言 訁 訁 訳 訳

ことばの例

言い訳・内訳・申し訳・訳者・訳語・通訳・和訳・英訳・翻訳

音よみ ユウ

訓よみ

むかしの漢字

はやわかり となえことば

国ざかいまで 手紙をとどける 郵便だ

なりたち

郵は、「郵便」の郵。

むかし、都から遠くはなれた場所まで手紙などを届けるために、宿場をつくった。郵は、その宿場や駅舎をあらわす字。

郵は、垂と阝（おおざと）。阝（おおざと）のもとの形は邑で、「むら」をあらわす。垂は、ここでは、いなかをあらわしている。

！垂のなりたちは、121ページを見てね。

書き順 11画

ことばの例

郵便・郵送・郵政省

優

訓よみ （やさ-しい）・（すぐ-れる）

音よみ ユウ

むかしの漢字

はやわかり となえことば

悲しみに しずむすがたの 優の文字

なりたち

優は、「俳優」の優。

なりたちは、悲劇を演じる役者だ。

憂は、親しいひとが亡くなって、うれえ悲しむ人のすがた。

その人のまねをして、劇を演じる人が優。

！「俳優」の俳は、喜劇を演じる二人の人（180ページ）。

書き順 17画

亻 亻 亻 亻 亻 亻 亻 亻 亻 亻 亻 亻 亻 亻 亻 亻 優

ことばの例

優美・優雅・優勝・優秀・優先・優待・優柔不断・女優・男優

訓よみ　あず-ける

預

音よみ　ヨ

むかしの漢字

はやわかり　となえことば

あらかじめ　預(あず)けておくこと

預(よ)金(きん)の預(よ)

なりたち

預(あず-ける・ヨ)は、「あずける」という意味(いみ)の字だ。予(ヨ)と頁（おおがい）だよ。頁は、人がおがむすがた。予(ヨ)は、ここでは、うらないにも使(つか)った道具(どうぐ)の形。預(ヨ)は、願(ねが)いごとをして、その結果(けっか)は神(かみ)にあずける、という意味(いみ)だったのだろう。

書き順　13画

預

ことばの例

預(あず)かりもの・預金(よきん)・預言(よげん)

はやわかり　となえことば

糸たばを　ねじる形の　幼の文字

なりたち

幼のもともとの意味は、糸たばに木のぼうをさしこんで、ねじること。ねじる形だよ。

それが、同じヨウという音の「おさない」に使われた。もとの意味とは関係なく、音だけをかりて使ったんだ。

こうした漢字の使われかたを仮借という（20ページを見てね）。

書き順　5画

𠃋 幺 幺 幻 幼

ことばの例

幼なじみ・幼子・幼児・幼虫・幼稚

訓よみ （ほ-しい）・（ほっ-する）

音よみ ヨク

むかしの漢字

はやわかり となえことば

神さまの すがたを見たいと 欲する 欲

なりたち

欲は、谷と欠（あくび）。

この谷は、もともとは「たに」ではなくて、𠙵（いのりのことばを入れる器）の上に、神の気配があらわれる形だ。

欠（あくび）は、ここでは、ものごとを欲する人の形。

欲は、神さまのすがたを見たいと願う（欲する）ようすをあらわした字だ。

書き順 11画

ノ ハ 㕣 仌 仌 谷 谷 谷 谷 谷 欲

ことばの例

欲求・欲望・欲張り・食欲・物欲・意欲・無欲・貪欲

翌

音よみ　ヨク

はやわかり　となえことば

羽と立（はねとりつ）
あしたのことだよ
翌の文字（よくのもじ）

むかしの漢字

なりたち

古代、翌（ヨク）という名前の祭り（まつり）があったのだという。その祭り（まつり）は、本祭り（ほんまつり）の次（つぎ）の日におこなわれるものだった。

そこから、翌（ヨク）は、あくる日（翌日（よくじつ））をあらわすようになった。

翌（ヨク）の字に羽（はね）があるのは、もと、昆虫（こんちゅう）の形からできた字だからだ。（翌（ヨク）には、左のようなむかしの漢字もある。）

書き順　11画

ㇷ ㇷ ㇷ 𦐃 𦐄 羽 翊 翌 翌 翌 翌

ことばの例

翌日（よくじつ）・翌朝（よくあさ）・翌週（よくしゅう）・翌月（よくげつ）・翌年（よくとし）

訓よみ

乱

みだ-れる

音よみ

ラン

むかしの漢字

（亂）

はやわかり　となえことば

乱(みだ)れた糸(いと)を
直(なお)す形(かたち)が
乱(らん)の文字(もじ)

なりたち

乱(みだ-れる・ラン)は、みだれた糸をときほぐそうとしている形。もとの字は亂(ラン)。

むかしの漢字を見てごらん。糸かせにかけた糸（𤔔）を、上と下から手でときほぐそうとしている。右がわの乚は、糸の乱(みだ)れを直す道(どう)具(ぐ)のへら。

ほぐそうとしている形だけど、乱(ラン)（亂）は、「みだれる」という意(い)味(み)に使(つか)われるようになった。

書き順

ノ　二　千　千　舌　舌　乱

7画

ことばの例

乱(らん)暴(ぼう)・乱(らん)発(ぱつ)・乱(らん)入(にゅう)・混(こん)乱(らん)・散(さん)乱(らん)・戦(せん)乱(らん)・波(は)乱(らん)・反(はん)乱(らん)・一(いっ)心(しん)不(ふ)乱(らん)

卵

訓よみ　たまご

音よみ　（ラン）

むかしの漢字

はやわかり　となえことば

左右にふたつ
卵がついてる
卵の文字

なりたち

鳥か魚か昆虫か、なんのたまごかはわからないけれど、卵は、「たまご」の形からできた字だ。
たまごを左右に二つ、書いた形だよ。

書き順　7画

ことばの例

卵形・卵焼き・生卵・卵黄・卵白・卵子・産卵

訓よみ

覧

音よみ

ラン

むかしの漢字

（覽）

はやわかり　となえことば

水かがみに
すがたを
うつして
見る
覧だ

なりたち

覧は、たらいの水に映った自分を見ている形。「水かがみ」に顔を映しているんだね。

覧（覽）は、監と見をあわせた形。監のむかしの漢字は、。大きな目（・臣）の人が、水かがみ（皿）をのぞきこんでいる。その監に見を加えて、「みる」「ながめる」という意味の覧になった。

書き順

17画

ことばの例

一覧・回覧・観覧・展覧会・遊覧船

訓よみ　うら

音よみ　（リ）

裏

むかしの漢字

はやわかり　となえことば

衣のなかに　里をかいて　衣の裏がわ　あらわした

なりたち

裏は、衣の「うら」をあらわした字。毛皮のコートをイメージしてみよう。毛のあるほうが「おもて」だね。だから、表（）は、衣と毛をあわせた形の字。

それに対して「うら」は、衣に、音をあらわす里をあわせた字だ。衣の字のあいだに里の形がある。

書き順　13画

ことばの例

裏表・裏口・裏声・裏方・裏切り・脳裏・内裏・表裏一体

律

訓よみ

音よみ　リツ・（リチ）

むかしの漢字

はやわかり　となえことば

法律を　さだめて広く知らしめる

なりたち

律はむかし、重さや長さの単位や基本をさだめることをあらわした。また、法律のこともあらわした。律は、彳（ぎょうにんべん）と聿。彳（ぎょうにんべん）は、道の形からできた部首。聿は、ふでを手に持つ形。広く人びとに告げ知らせる文書をあらわしているのだろう。

書き順　9画

ノ 彳 彳 彳 彳 彳 彳 彳 律

ことばの例

律令・律儀・法律・規律・旋律・一律・不文律

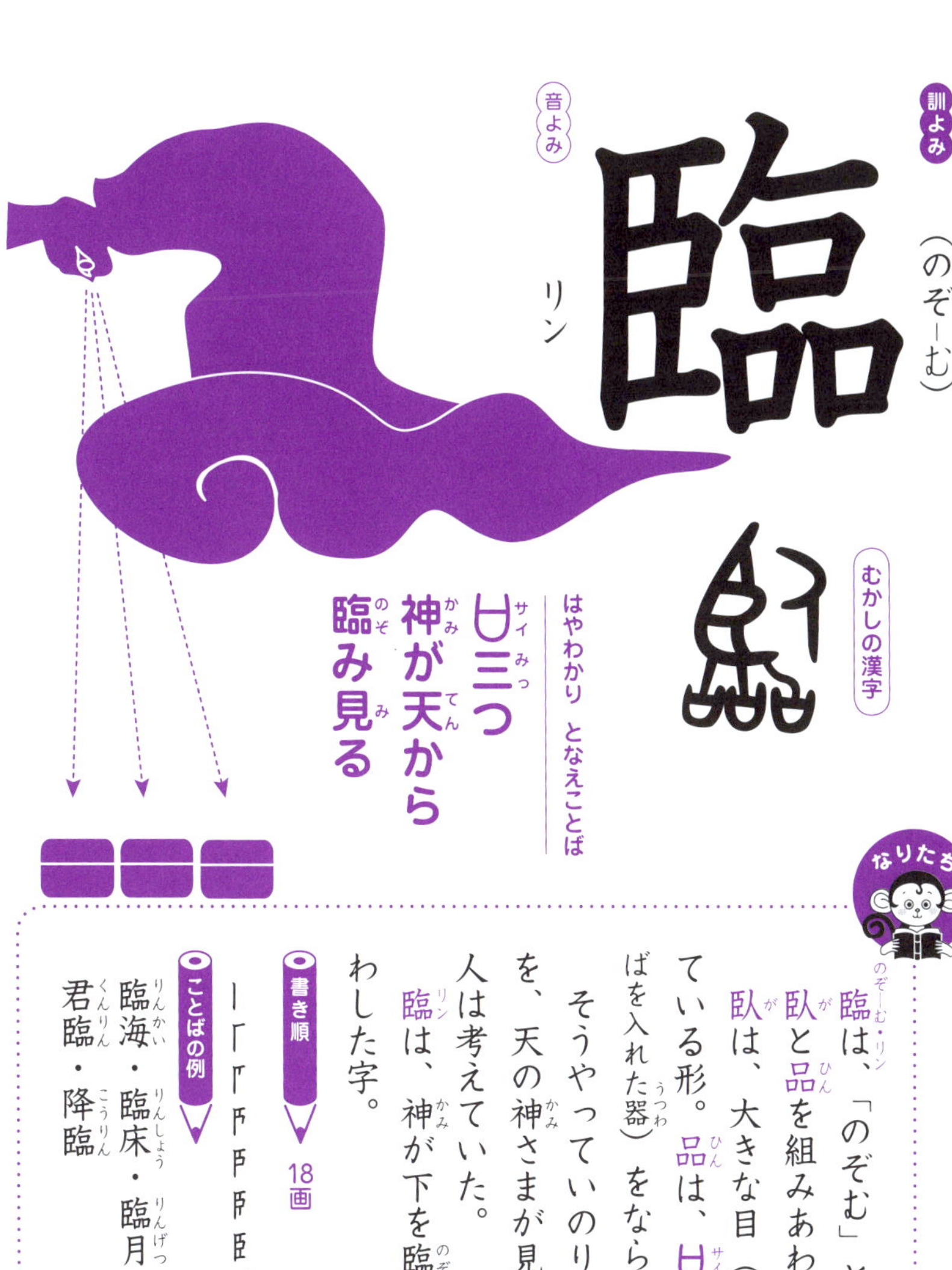

訓よみ （のぞ－む）

音よみ リン

臨

むかしの漢字

はやわかり　となえことば

𠙵三つ　神が天から　臨み見る

なりたち

臨は、「のぞむ」という意味の字だ。臥と品を組みあわせた形だよ。臥は、大きな目（臣）で人が下を見ている形。品は、𠙵（口・いのりのことばを入れた器）をならべた形。

そうやっていのりをささげるようすを、天の神さまが見下ろすと、古代の人は考えていた。臨は、神が下を臨み見ることをあらわした字。

書き順　18画

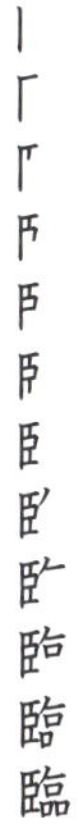

ことばの例

臨海・臨床・臨月・臨時・臨終・君臨・降臨

朗

訓よみ （ほが-らか）

音よみ ロウ

むかしの漢字

はやわかり となえことば

朗朗と 月が明るい 朗の文字

なりたち

朗は、良と月。月の光が明るいことをあらわした字だ。

良は、ここでは、音をあらわす部分。（リョウがロウに少し変わった。）

「朗朗」とは、光が明るくさえているようすや、声がすんでいてよく通ることをいう。

書き順 10画

丶 ㇇ ㇌ ㇌ 艮 良 良 朗 朗 朗

ことばの例

朗読・朗報・明朗・晴朗

訓よみ

音よみ

ロン

むかしの漢字

はやわかり　となえことば

言(い)いあって　議論(ぎろん)すること　論(ろん)の文字(もじ)

なりたち

論(ロン)は、「議論(ぎろん)」の論(ロン)。むかしから、議論(ぎろん)や討論(とうろん)という意味(いみ)で使(つか)われてきた字だ。

論(ロン)は、言（ごんべん）と侖(リン)。侖(リン)は、文字を書いた札(ふだ)を順序(じゅんじょ)よくつづった形。

だから、論(ろん)とは、論理(ろんり)の通ったことばだね。

書き順　15画

、 亠 亠 言 訁 訡 訡 訡 訡 訡 論 論

ことばの例

論理(ろんり)・論争(ろんそう)・論文(ろんぶん)・論述(ろんじゅつ)・論客(ろんきゃく)・理論(りろん)・言論(げんろん)・議論(ぎろん)・持論(じろん)・世論(よろん（せろん）)

目でみる部首のなりたち

もっともよく使われる91の部首

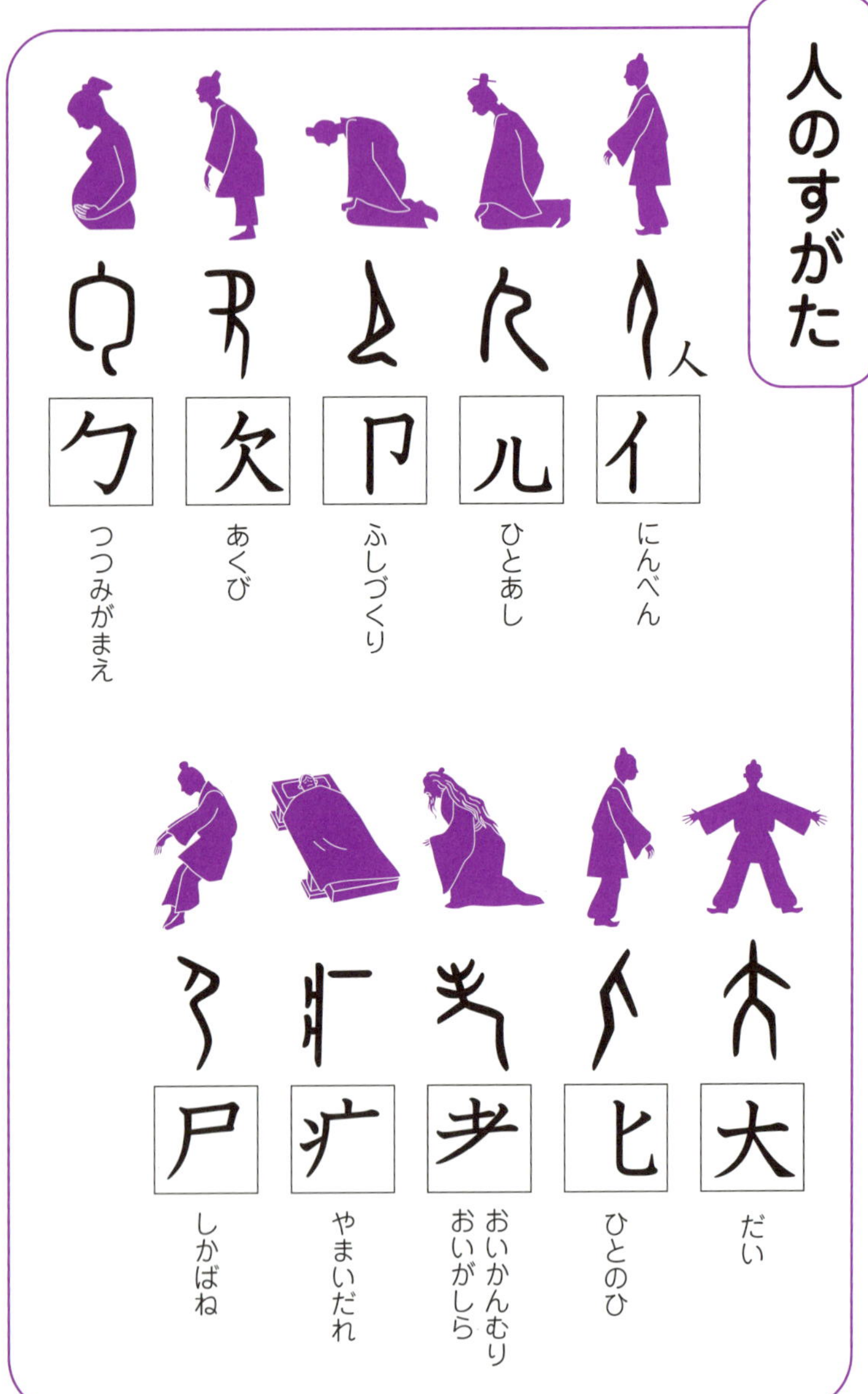
人のすがた
人
イ
にんべん
儿
ひとあし
卩
ふしづくり
欠
あくび
勹
つつみがまえ
大
だい
匕
ひとのひ
耂
おいかんむり
おいがしら
疒
やまいだれ
尸
しかばね

人のからだ
肉
目
めへん
耳
みみへん
口
くちへん
自
みずから
月
にくづき
見
みる
頁
おおがい
心
こころ
忄
りっしんべん
歹
いちたへん
がつへん

手のはたらき

又
みぎてのまた
寸
すん
手
て
扌
てへん
攵
攴
むちづくり
ぼくづくり
殳
るまた
支
ささえる
しにょう
聿
ふでづくり
爫
つめかんむり

足の動き

止　とめへん

足　あしへん

走　そうにょう

癶　はつがしら

夂　なつあし　ふゆがしら

韋　めぐるあし　なめしがわ

「しんにょう」はもともと、みち（彳）とあし（止）をくみあわせた漢字だった。

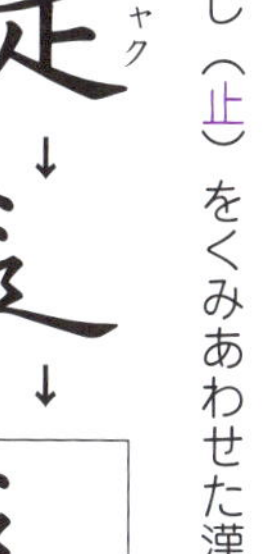

辵（チャク）→ 辶　しんにょう　しんにゅう

人のよび名

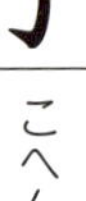

子　こへん

女　おんなへん

母　ははのかん

★部首について

同じ部首をもつ漢字は、同じ意味のグループをつくります。たとえば、氵（さんずい）をもつ池・河・海・波・注・浅・洗・流……はみな、水にかかわる文字です。

また、示（しめす）・ネ（しめすへん）をもつ祭・禁・神・社・祝・福・礼……は、神をまつる意味をもっています。

いっぽうで、漢和辞典には、亅（はねぼう）や亠（なべぶた）、ノ（の）など、意味をもたない部首ものっています。

そうした部首は、ただ、辞典をひくときの手がかりとなるものです。

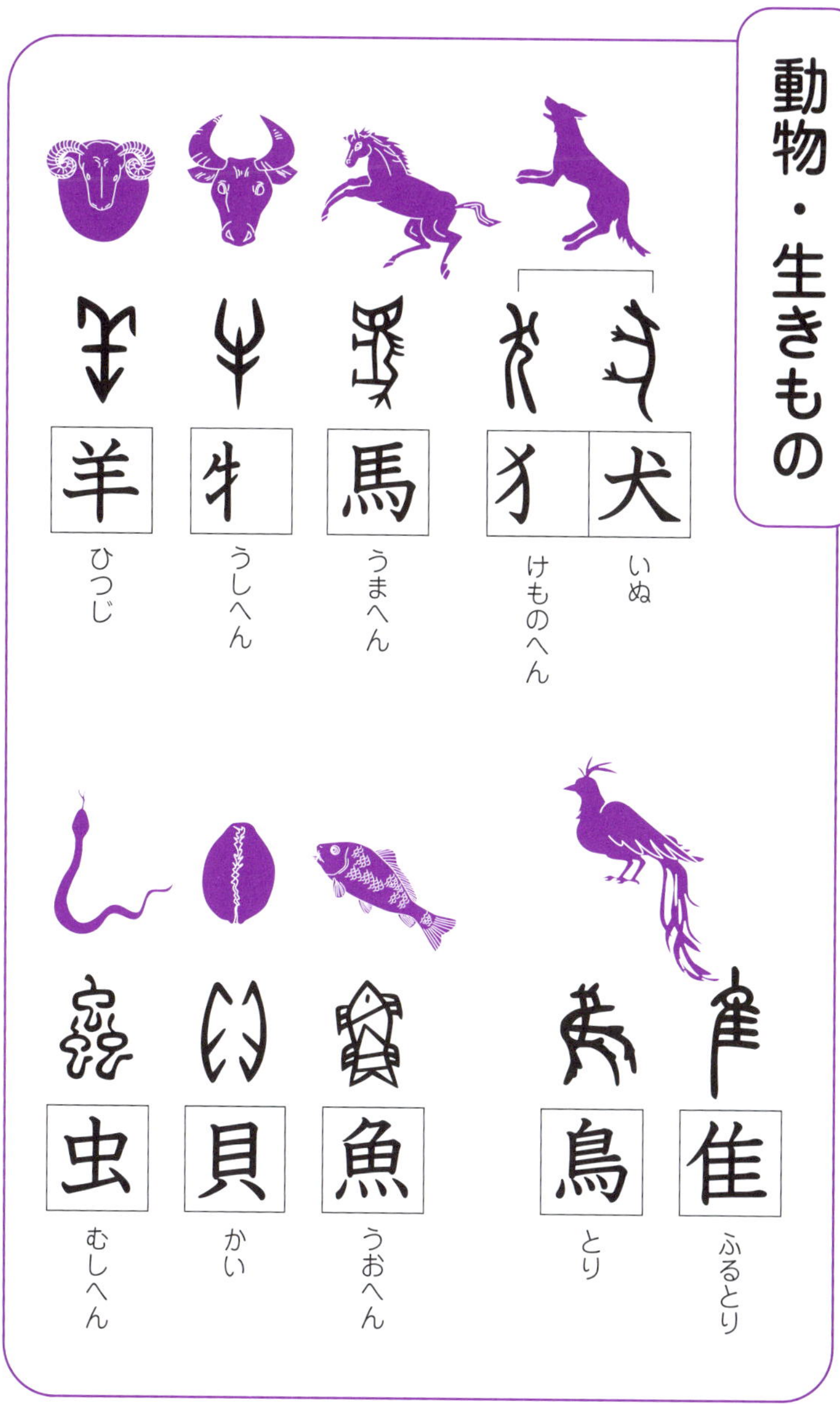
動物・生きもの
犬
いぬ
犭
けものへん
馬
うまへん
牛
うしへん
羊
ひつじ
隹
ふるとり
鳥
とり
魚
うおへん
貝
かい
虫
むしへん

植物

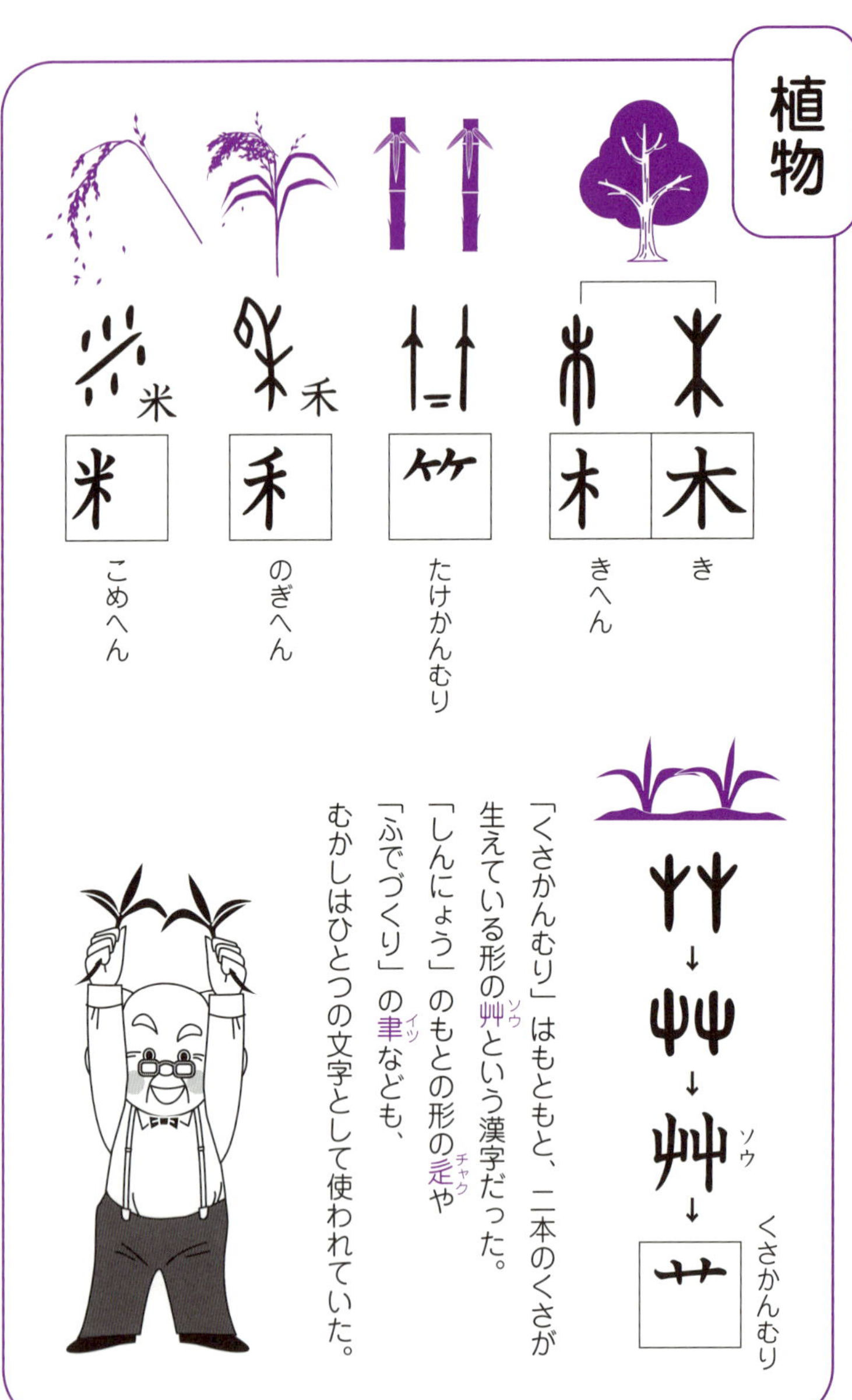

「くさかんむり」はもともと、二本のくさが生えている形の艸（ソウ）という漢字だった。「しんにょう」のもとの形の辵（チャク）や「ふでづくり」の聿（イツ）なども、むかしはひとつの文字として使われていた。

自然
日
ひへん
にちへん
月
つきへん
⻗
あめかんむり
山
やまへん
水
氵
さんずい
火
ひへん
灬
よつてん
れっか
土
つちへん
田
たへん
厂
がんだれ
石
いしへん

いのりと祭り

白川(しらかわ)博士(はかせ)は、古代文字を研究するなかで、口（𠙵(サイ)）とは、神へのいのりのことばを入れる器であることを発見しました。

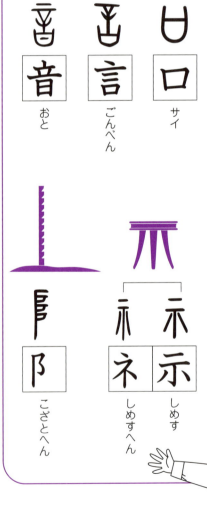

右・名・古・合・兄・歌・言・話・語・命・和・知・品・向・各・器・告・史・周・加・舎・可・句・害・君……など、多くの文字に𠙵(サイ)がふくまれています。

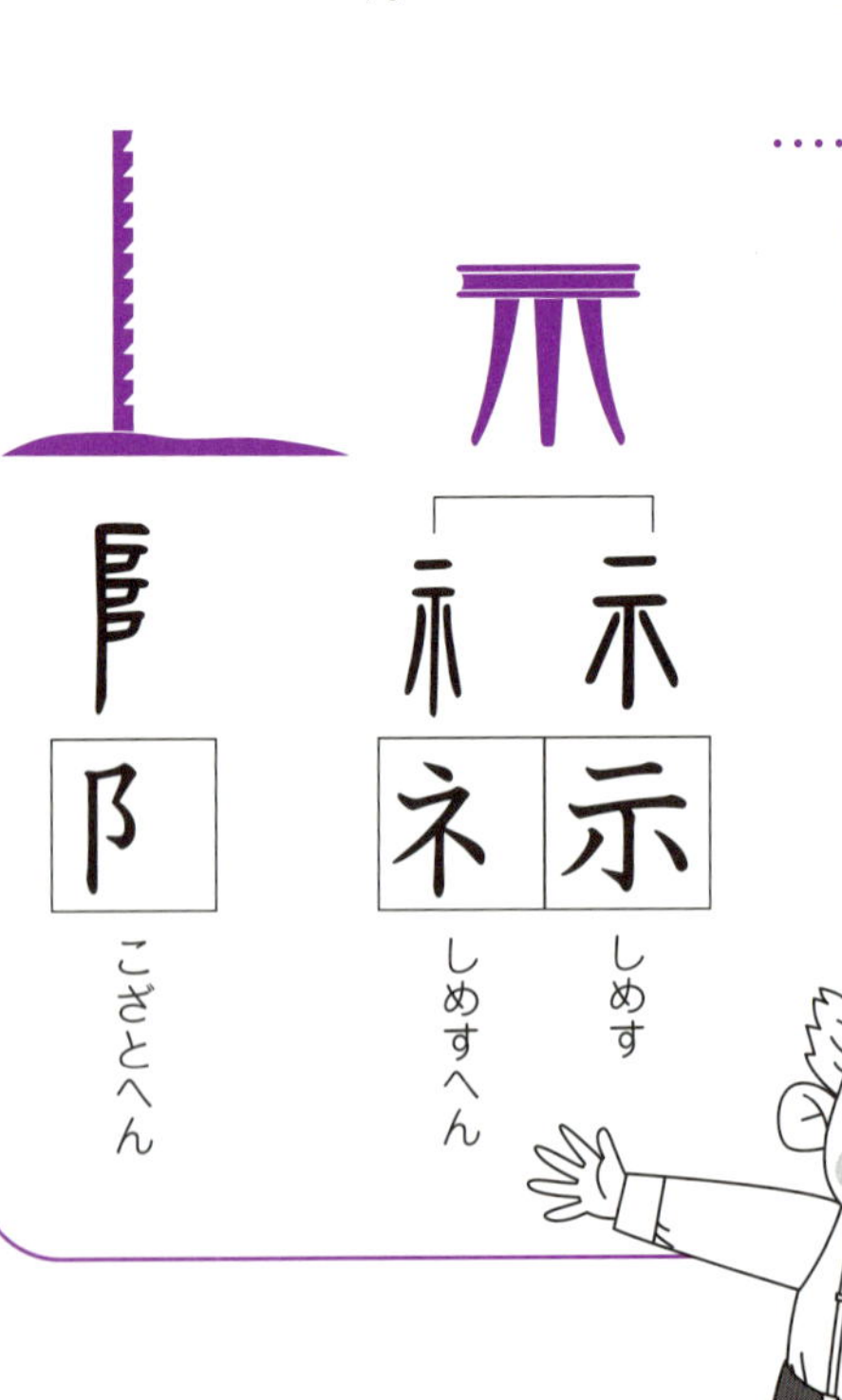

家と町
宀
うかんむり
广
まだれ
穴
あなかんむり
門
もんがまえ
口
くにがまえ
彳
ぎょうにんべん
行
ぎょうがまえ
邑
阝
おおざと
廴
えんにょう

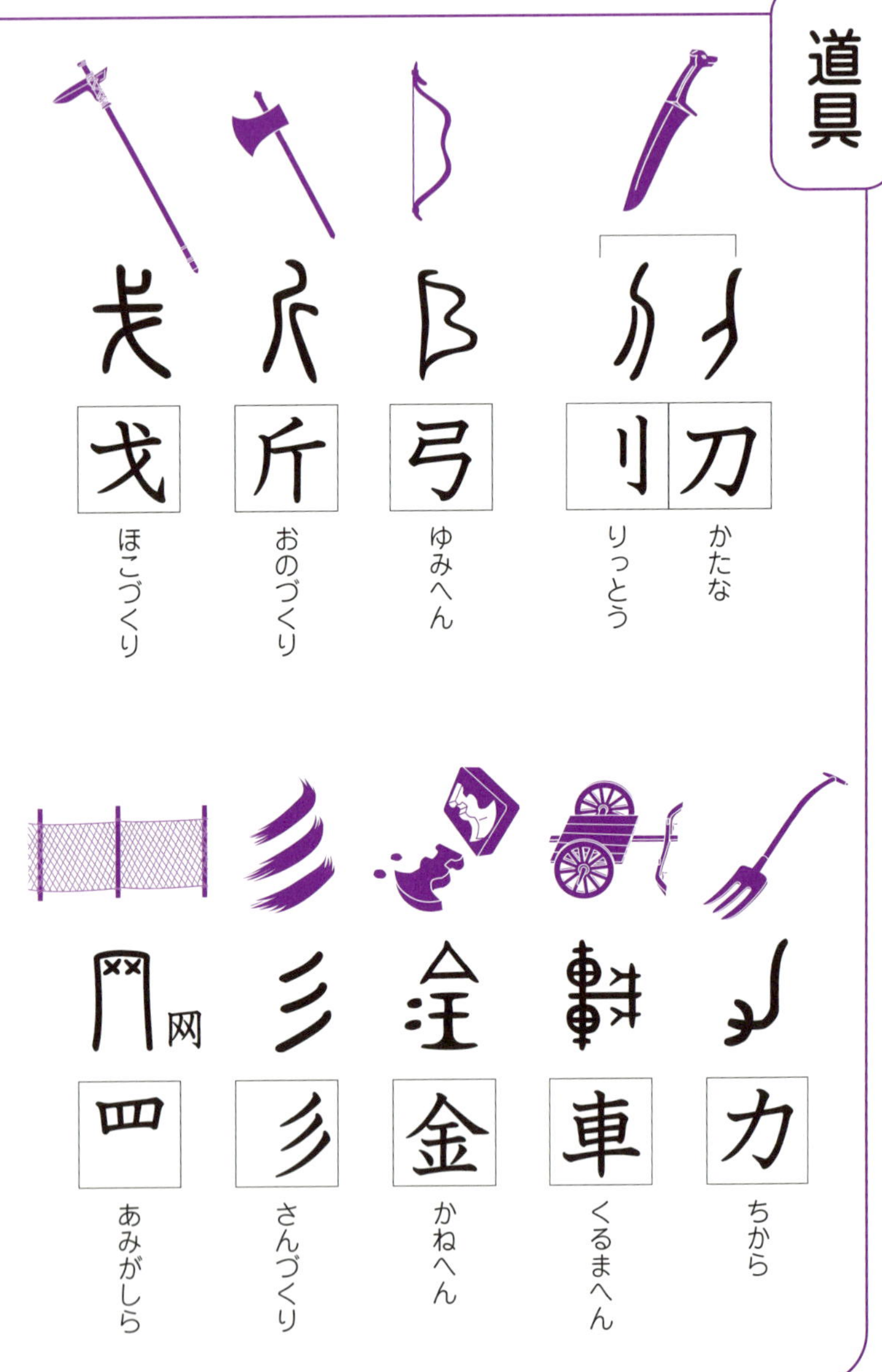

道具
戈
ほこづくり
斤
おのづくり
弓
ゆみへん
刂
りっとう
刀
かたな
罒
网
あみがしら
彡
さんづくり
金
かねへん
車
くるまへん
力
ちから

玉のなりたちは、「たま」をつづった形。球・理・現・班にある部首の「王」は、どれも、「たま」の意味で使われている。

音訓さくいん

★知りたい漢字のページを、ここで調べることができます。
★数字は、その漢字がのっているページです。
★ひらがなは「訓よみ」、カタカナは「音よみ」です。
★たとえば「あず・ける」というように、線があるものは、線のうしろが「おくりがな」です。
★（　）にかいてあるものは、小学校では習わないよみです。

あ

あず・ける　預……210
（あたい）　値……153
あたた・かい　暖……152
あたた・まる　暖……152
あな　穴……59
あぶ・ない　危……43
（あや・うい）　危……43
（あやつ・る）　操……140
（あや・ぶむ）　危……43
あやま・る　誤……68
あら・う　洗……131
（あらわ・す）　著……156

い

イ　胃……22
イ　異……23
イ　遺……24
イキ　域……25
いずみ　泉……130
いた・い　痛……162
いただき　頂……158
いただ・く　頂……158
（いた・む）　傷……116
いた・む　痛……162
いた・る　至……87
（いちじる・しい）　著……156
（いな）　否……183
い・る　射……94

う

ウ　宇……26
（うけたまわ・る）　承……114
うたが・う　疑……47
（う・つ）　討……165
うつ・る　映……27
うやま・う　敬……55

うら　裏……217
(う・れる)　熟……106

え

エイ　映……27
エン　延……28
エン　沿……29

お

オウ　皇……71
おが・む　拝……177
おぎな・う　補……193
(おごそ・か)　厳……65
おさな・い　幼……211
おさ・める　収……99
おさ・める　納……172
(お・す)　推……122
(おとず・れる)　訪……196
(おのれ)　己……66
お・りる　降……73
オン　恩……30

か

(ガ)　我……32
(カイ)　灰……33
かいこ　蚕……86
カク　拡……34
カク　革……35
カク　閣……36
かた　片……192
(かた・い)　難……169
(かたき)　敵……163
(カツ)　割……37
(かつ・ぐ)　担……148
(かな・でる)　奏……135
かぶ　株……38
(かわ)　革……35
カン　干……39
カン　巻……40
カン　看……41
カン　簡……42

き

キ　危……43
(キ)　机……44
キ　揮……45
キ　貴……46
(キ)　己……66
ギ　疑……47
きざ・む　刻……75
きず　傷……116
きぬ　絹……61
きび・しい　厳……65
キュウ　吸……48
キョウ　供……49
キョウ　胸……50
キョウ　郷……51
キン　勤……52
キン　筋……53

く

(ク)　供……49
(ク)　紅……72
(くら)　蔵……141
く・らす　暮……194
(くれない)　紅……72
く・れる　暮……194

け

ケイ　系……54

ケイ　敬……55
ケイ　警……56
ゲキ　劇……57
ゲキ　激……58
（ケツ）　穴……59
ケン　券……60
（ケン）　絹……61
ケン　権……62
ケン　憲……63
ゲン　源……64
ゲン　厳……65

こ

コ　己……66
コ　呼……67
ゴ　誤……68
コウ　后……69
コウ　孝……70
コウ　皇……71
コウ　紅……72
コウ　降……73
コウ　鋼……74
（ゴウ）　郷……51
コク　刻……75
コク　穀……76
コツ　骨……77
こと-なる　異……23
こま-る　困……78
コン　困……78
（ゴン）　勤……52
（ゴン）　権……62
（ゴン）　厳……65

さ

サ　砂……80
ザ　座……81
サイ　済……82
サイ　裁……83
さが-す　探……149
（さか-る）　盛……124
（さか-ん）　盛……124
サク　策……84
（サク）　冊……85
（さ-く）　割……37
（さぐ-る）　探……149
サツ　冊……85
さば-く　裁……83
（さわ-る）　障……117
サン　蚕……86

し

シ　至……87
シ　私……88
シ　姿……89
シ　視……90
シ　詞……91
シ　誌……92
ジ　磁……93
（ジ）　除……111
しお　潮……160
した　舌……127
したが-う　従……103
（し-み）　染……132
（し-みる）　染……132
し-める　閉……191
（シャ）　砂……80
シャ　射……94
シャ　捨……95
シャク　尺……96
（ジャク）　若……97
（シュ）　衆……102
ジュ　樹……98
（ジュ）　就……101

(ジュ) 従 …… 103
シュウ 収 …… 99
シュウ 宗 …… 100
シュウ 就 …… 101
シュウ 衆 …… 102
ジュウ 従 …… 103
ジュウ 縦 …… 104
シュク 縮 …… 105
ジュク 熟 …… 106
ジュン 純 …… 107
ショ 処 …… 108
ショ 署 …… 109
ショ 諸 …… 110
ジョ 除 …… 111
(ショウ) 従 …… 103
ショウ 承 …… 114
ショウ 将 …… 115
ショウ 傷 …… 116
ショウ 障 …… 117
(ショウ) 装 …… 138
ジョウ 蒸 …… 118
(ジョウ) 盛 …… 124
しりぞ-く 退 …… 146
シン 針 …… 119
ジン 仁 …… 120

す

スイ 垂 …… 121
スイ 推 …… 122
す-う 吸 …… 48
すがた 姿 …… 89
(すぐ-れる) 優 …… 209
すじ 筋 …… 53
す-てる 捨 …… 95
すな 砂 …… 80
す-む 済 …… 82
(すわ-る) 座 …… 81
スン 寸 …… 123

せ

せ 背 …… 178
(セイ) 盛 …… 124
セイ 聖 …… 125
セイ 誠 …… 126
せい 背 …… 178
(ゼツ) 舌 …… 127
(ぜに) 銭 …… 133
セン 宣 …… 128
セン 専 …… 129
セン 泉 …… 130
セン 洗 …… 131
(セン) 染 …… 132
セン 銭 …… 133
ゼン 善 …… 134

そ

(ソウ) 宗 …… 100
ソウ 奏 …… 135
ソウ 窓 …… 136
ソウ 創 …… 137
ソウ 装 …… 138
ソウ 層 …… 139
ソウ 操 …… 140
そ-う 沿 …… 29
ゾウ 蔵 …… 141
ゾウ 臓 …… 142
そな-える 供 …… 49
(そむ-く) 背 …… 178
そ-める 染 …… 132
ソン 存 …… 143
ソン 尊 …… 144
ゾン 存 …… 143

た

タイ 退……146
たから 宝……195
タク 宅……147
たず・ねる 訪……196
（た・つ） 裁……83
（たっと・い） 貴……46
たっと・い 尊……144
（たっと・ぶ） 貴……46
たっと・ぶ 尊……144
たて 縦……104
たまご 卵……215
た・れる 垂……121
たわら 俵……186
タン 担……148
タン 探……149
タン 誕……150
ダン 段……151
ダン 暖……152

ち

チ 値……153
（ち） 乳……170
ちち 乳……170
ちぢ・む 縮……105
ちぢ・れる 縮……105
チュウ 宙……154
チュウ 忠……155
チョ 著……156
チョウ 庁……157
チョウ 頂……158
チョウ 腸……159
チョウ 潮……160
チン 賃……161

つ

ツウ 痛……162
（つ・く） 就……101
つくえ 机……44
つく・る 創……137
つと・める 勤……52

て

テキ 敵……163
テン 展……164

と

トウ 討……165
トウ 党……166
トウ 糖……167
（トウ） 納……172
（とうと・い） 貴……46
とうと・い 尊……144
（とうと・ぶ） 貴……46
とうと・ぶ 尊……144
（と・ざす） 閉……191
と・じる 閉……191
とど・く 届……168
とも 供……49

な

（ナ） 納……172
（な・い） 亡……197
（ナッ） 納……172
なみ 並……189
なら・びに 並……189
なら・ぶ 並……189
ナン 難……169
（ナン） 納……172

わ

むかしの漢字（6年生の191字）

うすい色で、いまの漢字が入っているところは、白川博士の字書にむかしの漢字がない文字です。

胃 沿 割

異 恩 株

遺 我 干

域 灰 巻

宇 拡 看

映 革 簡

延 閣 危

机

揮

貴

疑

吸

供

胸

郷

勤

筋

系

敬

警

劇

激

穴

券

絹

権

憲

源

厳

己

呼

誤

后

孝

皇

射
至
砂
紅
捨
私
座
降
尺
姿
済
鋼
若
視
裁
刻
樹
詞
策
穀
収
誌
冊
骨
宗
磁
蚕
困

盛 障 処 就
聖 蒸 署 衆
誠 針 諸 従
舌 仁 除 縦
宣 垂 承 縮
専 推 将 熟
泉 寸 傷 純

値	退	装	洗
宙	宅	層	染
忠	担	操	銭
著	探	蔵	善
庁	誕	臓	奏
頂	段	存	窓
腸	暖	尊	創

潮
賃
痛
敵
展
討
党
糖
届
難
乳
認
納
脳
派
拝
背
肺
俳
班
晩
否
批
秘
俵
腹
奮
並

翌
模
亡
陛
乱
訳
忘
閉
卵
郵
棒
片
覧
優
枚
補
裏
預
幕
暮
律
幼
密
宝
臨
欲
盟
訪

朗

論

おわりに

これで、小学校六年間で習う一〇二六字の説明は終わりです。

中学校・高等学校では、新しく一一一〇字、学ぶことになっています。合計すると、二一三六字。これが、新しくなった「常用漢字」の数です。

中学・高校で出会う漢字について知りたい人のために、白川博士の字書を紹介しておきましょう（どちらも平凡社発行）。

『常用字解』〈第二版〉

『人名字解』〈白川静・津崎幸博＝著〉

漢字の世界は、知れば知るほどおもしろいものです。

これからも、文字の形をよく見て、そのなりたちを調べてみてください。

そして、同じ形や同じ音をもつ「なかまの漢字」を発見してください。

伊東信夫

☆この本には、二〇二〇年・新学習指導要領（小学校国語）にもとづく六年生の配当漢字・一九一字がおさめられています。

☆配当漢字表とおなじ、音読みのアイウエオ順に配列した構成となっています。

☆本書の古代文字は、白川静『新訂 字統』（平凡社）を参考に、金子都美絵がかきおこしたものです。甲骨文字・金文・篆文のなかから、なりたちが理解しやすいものを選んでいます。古代文字の資料が白川字書にない文字については、「むかしの漢字」は空欄になっています。

☆大きな見出し字についている訓読み・音読みのうち、（ ）内は中学校以上で習う読み方です。

☆部首の分類方法は、辞書や教科書によって少しずつ異なります。また、部首名についても、たとえば、辶は「しんにゅう」「しんにょう」、攵は「ぼくにょう」「のぶん」「むちづくり」、行は「ぎょうがまえ」「ゆきがまえ」など、いくつかの呼び名が使われているものがあります。

シリーズ主要参考文献
白川静『新訂 字統』『字通』『常用字解』（平凡社）
宮下久夫・篠崎五六・伊東信夫・浅川満「漢字がたのしくなる本」シリーズ（太郎次郎社エディタス）

☆著者紹介

伊東信夫 ……いとう・しのぶ

漢字研究家、教育実践者。一九二六年、山形県生まれ。
一九四七年から九一年まで、長く教職にたずさわる。
六〇年代より、研究者と教師の共同研究をもとに、
「漢字」「かな文字」学習の体系化をはじめとする実践的方法論を探究。
つねに子どものまえに立ち、多くの教材を創案してきた。
八〇年代後半より白川文字学に学び、また直接教えを受け、
通時性をもつ豊かな漢字の世界を伝えるために研究をつづける。
著書に『成り立ちで知る 漢字のおもしろ世界』全七巻（スリーエーネットワーク）、
『あいうえおあそび』上下巻、「漢字がたのしくなる本」全シリーズ（共著）、
『漢字はみんな、カルタで学べる』（以上、小社刊）などがある。

金子都美絵 ……かねこ・つみえ

イラストレーター。民話や神話を題材にした絵画作品を数多く制作。

二〇〇〇年頃より白川静氏に私淑し、古代の漢字世界を描きはじめる。

影絵的な手法で「文字の場面」を表現する独自のスタイルを確立。代表作として
『[白川静の絵本] サイのものがたり』『[白川静の絵本] 死者の書』（以上、平凡社）、

『絵で読む漢字のなりたち』『[文字場面集] 一字一絵』（以上、小社刊）がある。

書籍・教具の絵の仕事に『漢字がたのしくなる本』（テキスト）全六巻、

『新版 101漢字カルタ』『新版 98部首カルタ』（以上、小社刊）など。

白川静文字学に学ぶ
漢字なりたちブック　6年生［改訂版］

二〇一八年十二月一日　初版発行
二〇二四年六月十五日　第五刷発行

著者　伊東信夫
絵　金子都美絵
デザイン　後藤葉子
発行所　株式会社　太郎次郎社エディタス
東京都文京区本郷三-四-三-八階　郵便番号一一三-〇〇三三
電話　〇三（三八一五）〇六〇五　ファックス　〇三（三八一五）〇六九八
http://www.tarojiro.co.jp/　電子メール　tarojiro@tarojiro.co.jp
編集担当　北山理子
組版　滝澤博（四幻社）
印刷・製本　精興社
定価　カバーに表示してあります

ISBN978-4-8118-0576-4　C6081